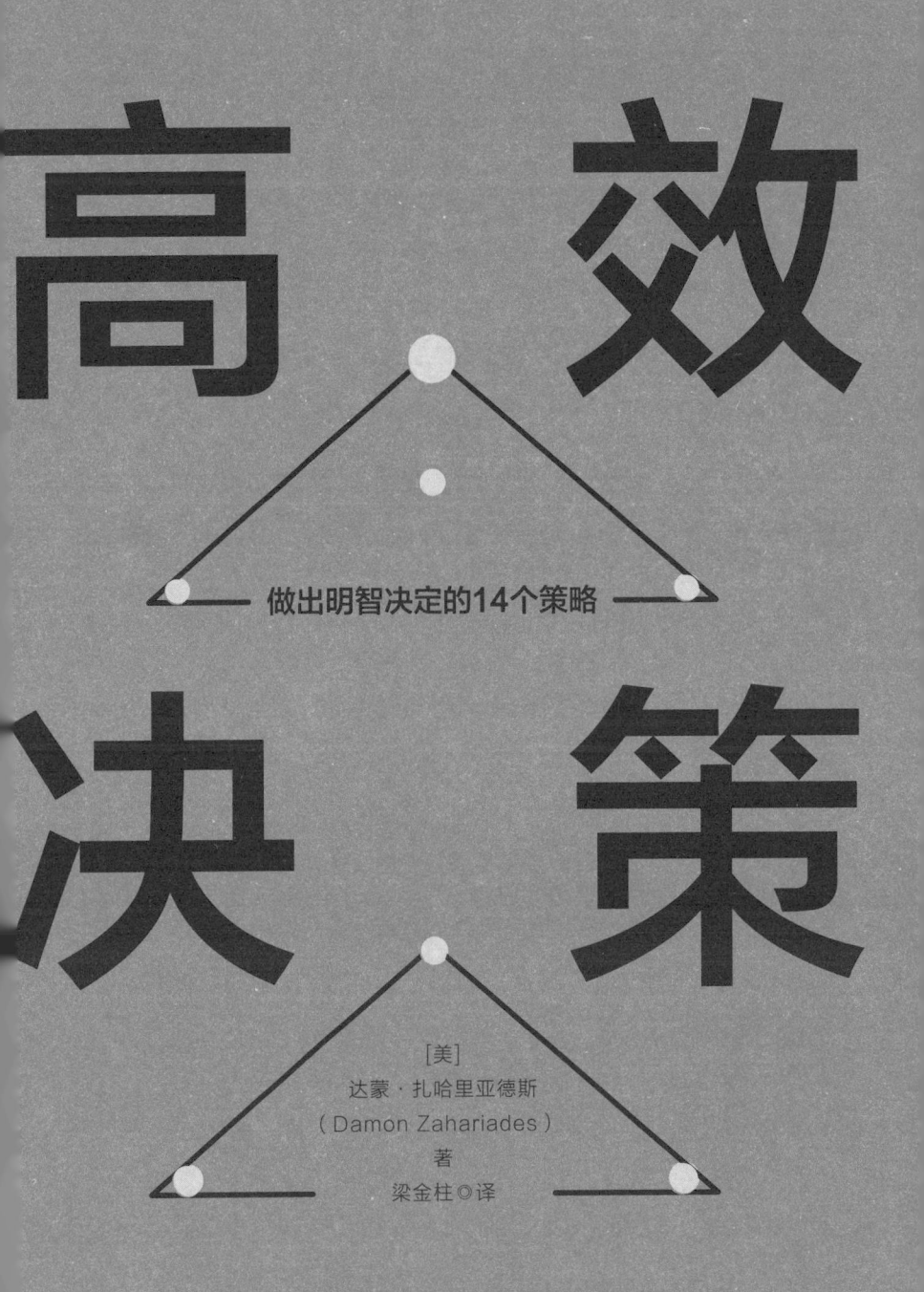

高效决策

做出明智决定的14个策略

[美]
达蒙·扎哈里亚德斯
（Damon Zahariades）
著

梁金柱 译

中国科学技术出版社
·北京·

Translated and published by China Science and Technology Press Co. Ltd. (Popular Science Press) with permission from Art of Productivity/DZ Publications. This translated work is based on *How to Make Better Decisions: 14 Smart Tactics for Curbing Your Biases, Managing Your Emotions, and Making Fearless Decisions in Every Area of Your Life!* by Damon Zahariades © 2021 Art of Productivity/DZ Publications. All Rights Reserved. Art of Productivity/DZ Publications is not affiliated with China Science and Technology Press Co. Ltd. (Popular Science Press) or responsible for the quality of this translated work. Translation arrangement managed by RussoRights, LLC and CA-Link International on behalf of Art of Productivity/DZ Publications.

北京市版权局著作权合同登记　图字：01-2022-5160。

图书在版编目（CIP）数据

高效决策：做出明智决定的 14 个策略 /（美）达蒙·扎哈里亚德斯（Damon Zahariades）著；梁金柱译. —北京：中国科学技术出版社，2023.4

书名原文：How to Make Better Decisions: 14 Smart Tactics for Curbing Your Biases, Managing Your Emotions, And Making Fearless Decisions in Every Area of Your Life!

ISBN 978-7-5046-9860-5

Ⅰ．①高… Ⅱ．①达… ②梁… Ⅲ．①决策学 Ⅳ．① F272.91 ② F272.31

中国国家版本馆 CIP 数据核字（2023）第 037359 号

策划编辑	李　卫	责任编辑	龙凤鸣
封面设计	末末美书	版式设计	蚂蚁设计
责任校对	张晓莉	责任印制	李晓霖

出　　版	中国科学技术出版社
发　　行	中国科学技术出版社有限公司发行部
地　　址	北京市海淀区中关村南大街 16 号
邮　　编	100081
发行电话	010-62173865
传　　真	010-62173081
网　　址	http://www.cspbooks.com.cn

开　　本	880mm×1230mm　1/32
字　　数	123 千字
印　　张	7
版　　次	2023 年 4 月第 1 版
印　　次	2023 年 4 月第 1 次印刷
印　　刷	大厂回族自治县彩虹印刷有限公司
书　　号	ISBN 978-7-5046-9860-5/F・1106
定　　价	59.00 元

（凡购买本社图书，如有缺页、倒页、脱页者，本社发行部负责调换）

序　言

> "我们的选择决定了我们的生活。"
> ——比尔·拉戈（Bill Rago），电影《天兵总动员》（*Renaissance Man*）

我们大多数人对做决定这件事不以为然。没有充分评估影响结果的各种变量，便草草做出选择。很多时候，缺乏对这些变量的认识会让我们做出草率的决定。可想而知，结果自然是不太理想的。有时我们不做任何决定，也许事情还不会变糟。如果我们在决策过程中忽视了（或直接无视）重要因素，就更有可能受到非预期后果法则的影响。

我们可以通过谨慎选择来改善结果。如果我们不凭直觉，而是认真考虑每一个可能会影响结果的变量，科学地做出选择，我们就能取得更好的结果。

归根结底，我们是可以学会如何始终做出正确决定的。本书将为你提供实现这一目标所需的方法。我们将创建简单、有效的系统，凭借它，你绝对可以快速、自信地做出更加理性的决定。

本书主要内容

在"第一部分：了解我们的决策过程"中，我们将探究我们是如何做出决定的，为什么我们经常做出糟糕的决定，并发现那些导致我们失误的绊脚石。这一部分是本书的基础。我们首先需要仔细研究当前的决策过程，才能学会更好地做出决定。首先，我们将找出那些常见的不良习惯和不合理的日常事务，以便我们能够优化它们。其次，我们将讨论情绪的作用，虚假的紧迫感，以及拖延的习惯。我们还将审视主观臆断和不利的认知偏见这两种倾向。

在"第二部分：做出更好决定的14种策略"中，我们将介绍做出良好、明智决定的具体方法。这一部分是本书的主体。它包含最具操作性的内容。而且在每一章结尾都有一个简单实用的练习，帮助你学以致用。

"第三部分：如何优化你的决策结果"是本书的结论部分。在这最后一部分中，首先，我们将探讨如何利用可选项产生最有利的结果。其次，我们将讨论在做决定之前应该反思的问题。我们还将讨论反馈循环的作用，并学习如何创建一个有效的反馈循环。

商业决策与个人决策的关系

如今,许多商业领袖都在使用本书中介绍的系统和模型。但请注意,它们对个人决策也同样有效。这意味着无论是在公司、家庭还是学校你都可以使用这些系统和模型。与同事、家人或朋友一起做决定时你也可以用到它们。

顺着这些思路,根据不同参与者提供的数据和意见,这些系统也可以在协作的环境下使用。这意味着只要你愿意,就可以轻而易举地将他人纳入你的决策过程中。话虽如此,本书的重点仍然在于个人决策,即你是唯一的主宰者。

注意事项

首先,虽然本书内容非常丰富,但请你不要有畏难情绪。我们将循序渐进地共同完成这一学习的过程。

其次,虽然我们会花很多时间来学习这些材料,但绝不是浪费时间。你会发现《高效决策:做出明智决定的14个策略》是一本快节奏的书。它没有其他励志书籍中常见的鸡汤故事,也没有在心理学或科学研究方面做不必要的展开。换句话说,没有铺垫。本书的目的在于直截了当地提供你需要的资料,并教会你如何使用它们。最重要的是,

《高效决策：做出明智决定的14个策略》是一本实操性很强的书。

让我们朝着这一目标出发吧。

目 录

》第一部分　了解我们的决策过程

我们如何做出决定　005

为什么我们会做出错误的决定　010

影响我们决策的10个认知偏差　018

决策疲劳的影响　036

》第二部分　做出更好决定的14种策略

策略1：明确你的预期结果（为什么这很重要）　049

策略2：减少损失厌恶的影响　053

策略3：区分重要和不重要的决定　060

策略4：勇敢地快速做出决定　065

策略5：缩小你的选择范围　073

策略6：进行"可行或不可行"评估　080

策略7：制定一份加权的利弊清单（正确的做法和需要避免的3个误区）　091

策略8：制定决策检查清单　102

策略9：质疑你的假设　113

策略10：抛开沉没成本谬论　124

策略11：识别并避免信息过载　135

策略12：利用心智模型做出更好的选择　148

策略13：进行配对比较分析　163

策略14：跟随个人价值观的引领　172

》第三部分　如何优化你的决策结果

帮助你更快做出决定的10个小技巧　185

每次决定前必问的10个问题　198

如何创建反馈循环　207

结语　215

第一部分

了解我们的决策过程

第一部分
了解我们的决策过程

我们每天都会做出几百次甚至上千次选择。其中大多数都是无关紧要的小事。例如，今天吃什么、穿什么，是睡个午觉还是继续浏览网上的信息。专家声称，每天仅是关于吃什么这个问题，人们就会做出200多次决定。[①]

更重要的决定需要更多的思考和评估。有一些决定会带来严重的后果。例如，辞职，成家，分手，下决心买自己心心念念的大件物品（跑车、大房子、游艇等）。

我们需要评估自己当下做决定的过程，才能学会如何始终做出正确的决定。在这一章中，我们将会分析影响我们决策的各种因素。其中一些因素对决策过程不利，会导致不良的结果。找出这些不利因素，是将它们排除在外的第一步。消除不利因素会为我们节省下大量的时间，并避免事后会后悔。

重要的是，我们要为自己的决定以及由此产生的结果承担责任。诚然，做到这一点并非易事，尤其是当结果不如人

---

① Sobal, Jeffery, Wansink, Brian (2007). "Mindless Eating: The 200 Daily Food Decisions We Overlook." *Environment and Behavior*. 39:1, 106-23, https://doi.org/10.1177/0013916506295573

意的时候。如果你像我一样，你可能会忍不住想要为自己开脱，把不理想的结果归咎于运气不好，而不是决策失误。但是勇于承担责任有着巨大的价值。它强化了这样一个事实：我们可以通过做出的选择来牢牢掌握自己的人生。

　　以上都是我们必须检视我们当前决策过程的原因。让我们深入了解一下吧。

我们如何做出决定

> "不能做决定就无法取得进步。"
> ——吉姆·罗恩（Jim Rohn）

人们往往认为自己的决定是合乎逻辑的。我们想象中的自己会仔细权衡各种选项，然后做出当下最为合理的选择。

事实上，我们的选择往往依赖于当下的直觉和情绪。我们在做基本不会影响生活质量的简单决定时（如，吃什么）尤其如此。但是在做出会带来重大影响的决定（如组建家庭）时，我们仍然如此。虽然情绪在大多数情况下是有益的，但它们会使决策过程变得复杂。

情感在决策中的作用

情感主导着人类的行动。我们带着情感思考，带着情感判断，所做的一切都从情感角度出发。表面上，感情用事会导致事与愿违，实际上这并非一种不好的品质。我们需要情感才能过上有意义的生活。因此，我们应该让情感在我们做决定时发挥重要作用。看起来情感似乎与理智背道而驰，成为我们做出理性选择的障碍，但情感是可以为我们指明方向的。

重点是防止情感在我们的决策中发挥主导作用。让情感主导决策过程会使我们变得冲动。这种冲动促使我们做出非理性的选择，造成不良后果。

情感也可能使我们丧失行动力。在面对不确定性时，如果我们任由情感来主导，就会产生恐惧和焦虑的情绪。这会导致犹豫不决，其危害不逊于做了一个糟糕的决定。

情感也会打开偏见的大门。个人情感使我们更倾向于某些选项，而忽略其他选项。这些偏见会对决策过程造成严重破坏，我们将在后面详细介绍这一点。

我们在做决定时，不要试图压抑自己的情感。情感应当发挥作用，特别是当我们的选择关乎自己的价值观和信念时。然而，我们应该保持清醒的认识，如果情感完全盖过了逻辑和理智，就会妨碍决策过程。

价值观在决策中的作用

做出好的选择并不仅仅是获得足够的信息和有条不紊地权衡各种选项。它还关乎我们的个人价值观和职业价值观。我们的立场是什么？驱使我们的道德标准和原则是什么？我们想成为什么样的人？

这些价值观表明了我们的目标，并赋予了我们意义。如果没有这些价值观，我们的决定就会只建立在获得成功的捷径之上，而罔顾我们的行为是否正直诚信。

假设你经营着一家小企业，面临着销售下滑、利润下降的境况。你急于要扭转这一趋势。如果你在考虑可行方案时忽视了自己的价值观，就有可能做出与核心原则相冲突的选择。你的选择和最终采取的行动也许确实能提升销售业绩，带来更大的利润，但你会感到不安、后悔、内疚甚至羞愧。

如果我们让价值观来指导我们做决定，就不会被风险所困扰。假设我们的选择是正确的，就不会带来更大的压力和焦虑。即使最后的结果不尽如人意，我们也能接受，因为我们的行为符合个人原则和职业标准。

将价值观纳入决策过程会让这个过程更复杂吗？会。价值观对我们的冲动起着制约作用。价值观会约束我们并限制我们的选择范围。同时，价值观也会确保我们的选择与信念一致。价值观帮助我们做出可以引以为豪的决定，即使结果不一定令人满意。

权衡决策成本和收益

我们做出的每个决定都是一种利弊权衡。我们会得到一些东西，也会失去一些东西（在经济学术语中，这种损失被称为"机会成本"）。

假设你正在盘算晚餐吃什么。你已经把选择范围缩小到了鸡肉沙拉和比萨。如果选择了鸡肉沙拉，你就不得不放弃比萨。如果选择比萨，你就必须牺牲掉鸡肉沙拉（从理论上讲，你也可以两个都吃，但事后你可能会后悔）。

每个选项都有好处。一方面，沙拉是健康食物，吃沙拉会让你感觉良好。另一方面，比萨更美味！每种选择都有成本。吃沙拉意味着放弃比萨令人垂涎的味道和口感。吃比萨可能意味着放弃你的减肥计划，甚至可能引起一些肠胃不适。

这种取舍存在于我们所做的每一个决定中，无论是鸡毛蒜皮的小事还是重大事项。是继续做讨厌的工作还是寻找其他职业机会，是应该结婚还是保持单身，是否在某个城市买房，对这些问题我们都需要权衡利弊。为了做出能产生有利结果的正确决定，我们必须承认这种取舍的存在。只有这样，我们才能确认和权衡相关的成本和收益。

当然，我们的目标是享受决策带来的最大化利益，同时最小化其附带的成本。遗憾的是，权衡利弊的过程有时非常麻烦。对于可供我们选择的选项，其成本和收益并不总是显而易见的，我们需要仔细调查才能弄清楚。本书第二部分介绍的系统和策略对于克服这种困扰将会非常有用。

为什么我们会做出错误的决定

> "好决定来自经验。但经验来自坏决定。"
> ——马克·吐温（Mark Twain）

如前所述，我们倾向于相信自己所做的决定是正确的。我们想象自己仔细权衡着各种可能的选项，并基于环境和目标做出了最合理的选择。毕竟，我们是理性的、讲道理的人，做出错误的决定不符合我们对自己的定位。

问题是，这一过程障碍重重，它们使决策过程复杂化，经常导致我们做出有问题的选择，带来令人遗憾的结果。

在本章中，我们将仔细研究最常见的障碍。一旦确定了这些障碍并了解了其影响，我们就可以采取措施来避免和克服它们。

失控的情绪

我们在上一节中讨论了情绪与决策的关系，情绪对决策过程至关重要。而且，人总是难免有情绪。要记住的是，对决策而言，情绪是一把双刃剑。

一方面，情绪帮助我们了解目前的情况。意识到自己的情绪状态能使我们更清楚地知道各种选择的内在风险。这种意识可以激励我们做出更合理的决定。

另一方面，如果我们管理不好自己的情绪，就会导致过度关注可能的负面结果。我们会变得忧惧，纠结于潜在威胁并放大其影响，而不是理性地分析获取的信息并合理地权衡各种选项。当这种情况发生时，决策过程可能会恶化成"要么战斗要么逃跑"的反应。

情绪可以帮助我们做出明智、合理的选择，但我们必须合理管控我们的情绪，避免让情绪支配决策过程，并将情绪管理作为一种自我保护的练习。

虚假的紧迫感

我们时常感到迫切需要做一些事情。我们会优先考虑采取行动而不是仔细斟酌。

有时，真正的紧迫性确实存在。外部因素迫使我们快速做出决定。最后期限迫在眉睫，暗示着无动于衷和犹豫不决的严重后果。

但其他时候，这种紧迫感是一种错觉。它源于急躁，一种忙碌的冲动，以及对忙碌与生产力和进步之间关系的错误认识。有些人试图营造一种虚假的紧迫感来激励自己和他人采取行动。他们认为这种虚构的紧迫感能克服自满情绪。

问题在于,虽然虚假的紧迫感可以迫使我们更加果断,但也可能导致我们做出糟糕的选择。在仓促决定的过程中,我们有可能忽略了相关的信息和有效的可行之策。这种虚假的速度需求还可能诱使我们忽视相互冲突的信息或不同的意见(当我们让别人参与决策过程时)。

当然,有些决定是有时效性的,它们需要我们快速反应。但如果没有必要立即采取行动,我们应该花费充足的时间考虑相关变量并彻底评估可选项。

缺乏紧迫感(拖延)

与虚假的紧迫感相对的是缺乏紧迫感。不过缺乏紧迫感同样会对决策过程造成不利影响。

缺少紧迫感会诱使我们拖延时间。毕竟,如果一件事是可做可不做的话,为什么着急去做呢?如上所述,我们应该防止用虚假的紧迫感来迫使自己做出决定。但同样重要的是,我们要认识到拖延造成的内在危险。

拖延是我们对环境的一种情绪反应。摆在我们面前的决定(或行动)在某种程度上让我们感觉糟糕。也许它使我们感到厌烦、焦虑，或者使我们怀疑自己的技能、知识和专长；也许我们觉得这个决定太难做了，因为要做出一个合理的选择，必须要考虑所有的信息和变量。

拖延症是一个特别棘手的问题，因为它经常伴随着其他负面情绪，如恐惧、内疚、自卑甚至羞耻。这些情绪构成了决策过程中的重大障碍。它们使人犹豫不决。这种心理状态限制了我们的能力，让我们无法做出符合预期的决定。

拖延也并不总是对决策过程有害。事实上，它偶尔也会产生积极的影响。推迟决策可能会让悬而未决的问题不攻自破（或至少变得不那么重要）。此外，推迟决策可以扩大我们的选择范围，某些选项可能会比之前考虑得更好。

话虽如此，缺乏紧迫感经常会附带着糟糕的后果。拖延决策造成的后果包括未实现目标、错失了机会，以及耗费更多时间和精力去考虑。

过度乐观

大多数人天生是乐观的。当然，每个人都会认识几个习惯性的抱怨者和扫兴者，但我们大多数人都不相信自己可能经历负面事件，这就是所谓的乐观主义偏见。

这种倾向会对我们的决策产生积极影响。我们对决策的预期结果感觉越乐观,就越有能力做出决定,也就不会被恐惧和焦虑所支配,在面对不确定性时犹疑不定的情况就会少很多。

话虽如此,过度乐观也会带来严重的潜在后果。过度乐观导致我们草率地做出决定,因为我们预期获得比现实更有利的结果,所以会低估选择中所包藏的风险。

假设你打算开一家餐厅,这是你长久以来的梦想,因此这个想法自然会让你兴奋不已。过度乐观可能会使你注意不到你的选址附近地才有一家餐厅倒闭的事实。过度乐观可能会诱使你不去考虑巨大的创业成本,它还可能会让你忽视80%的新餐厅在开业后五年内就会失败的事实。

归根结底,盲目的乐观主义会导致不准确的决策,它让我们在没有充分评估与决策相关的信息、选择和风险的情况下就贸然前进。

损失厌恶

得到我们珍视的东西无疑让人欢喜,失去我们所珍视的东西也一定会让人心生厌恶。假如有一件你买了很久但从未穿过的衣服,购买衣服给了你一种满足感。现在想象一下丢弃这件衣服时的感觉,你从来没有穿过它,所以丢弃它不应该对你产生很大的影响，但你仍然会非常抗拒把它扔掉（或送人）。

与获得物品的感受相比，你对可能损失该物品的感受被放大了。认知心理学家和行为经济学家把这种感受称为损失厌恶。

损失厌恶降低了我们做出合理决定的能力。失去珍视东西的恐惧会让我们过度谨慎。

假设你打算投资10万美元，但投资股票（甚至是共同基金）的想法让你心生畏惧，当认为投资损失的风险大于可能的收益（资本增值，股息等）时，你会把钱存入储蓄账户。这个过度谨慎的决定扼杀了你获取投资回报的机会。

对自身公众形象的关注

我们在意他人对我们的看法，并希望朋友、同辈、商业伙伴和熟人都觉得我们聪明机智、足智多谋、事业有成，这是人之常情。问题是，如果不加以控制，它可能令人走火入魔。太在意他人看法可能对我们的决定产生不利影响。

当我们过度关注别人对我们的看法时，就会开始根据别人暗示的（甚至是我们想象出来的）认可来做决定，这种倾向妨碍了决策过程。它会让我们因为他人的意见，而否定合理的甚至是可取的选择。在某些情况下，这种倾向甚至会阻止我们做出决定，哪怕我们明知道这个决定是符合自身最佳利益的。

假设你正在考虑结束一段痛苦的恋爱关系，你确信这是正确的决定。但是，你的朋友们却不断称赞你的恋人是如何的聪明机智、富有爱心和诚实可靠。因为你注重隐私，所以很少向朋友透露恋爱交往中的真实情况，朋友并不了解你和恋人关系中的矛盾。在这种情况下，朋友的赞美之词可能会说服你放弃做出正确的决定。你可能会过度关注朋友对你决定的看法，尽管他们并不了解内情。

于是，你举棋不定，自我怀疑，甚至可能会让自己否定先前认为正确的决定。

因为他人如何看待我们而激发的焦虑会降低我们做出明智选择的能力。我们会质疑自己，往往最终选择了符合他人意见而不是自己利益的选项。

下一章预告

认知偏见是决策过程中最突出的障碍之一。下一章将专门探讨最不利于做出明智选择的十种情况。

这一章略长，但我希望你能坚持读完。这一章的讨论节奏明快，并剖析了决策中一些最常见和最危险的错误。这一章还提供了克服每种错误的可行建议，并为"第二部分：做出更好决定的14种策略"奠定了基础。

影响我们决策的10个认知偏差

> "90%的心理误区都是你的臆想。"
> ——尤吉·贝拉（Yogi Berra）

认知偏见是一种心理捷径，它能帮助我们简化、处理和理解信息。一方面，认知偏见非常有用，面对从早到晚让人应接不暇的信息，我们的大脑创造了认知偏见来过滤信息，以确定哪些信息对我们来说是重要的，并利用这种洞察力来做出决定。

理想中的情况应当如此。但在实践中，认知偏见往往会扭曲我们对现实的认知，并导致我们做出草率、鲁莽和错误的判断，从而做出糟糕的决定。

认知偏见也会制造盲点。我们自认为是理性的，而事实上，我们持有先入为主的观念，这种观念源自逻辑谬误。于是，这些"心理捷径"就变成了可能破坏决策过程的心理误区。

每个人都有认知偏见，而且很多人都会反复成为认知偏见的受害者。我们天性如此，但这并不意味着我们必须受制于认知偏见。恰恰相反，战胜自身的认知偏见对能否做出合理决定至关重要。为此，我们将仔细分析以下10个最常见的、最不利的认知偏见。其中的许多偏见你一定不会感到陌生，但有几个可能会出乎你的意料。

锚定偏见

每当面临多种选择时，我们的大脑就会试图建立一个"锚点"。这个锚点通常是我们了解到的关于当下情况的第一条信息。它是一个参考点，我们通过它来比较和判断每个选项。

假设你打算买一辆车。你去了一家车行，销售人员接待了你，并且在知道了你的预算后，推荐了一款高于你预算的车型。这位销售人员正在创造一个锚定价格（而不是让你的大脑来做）。这样做的目的不是说服你购买这辆更贵的汽车，而是让价格较低的汽车在对比中显得合理。销售人员用这种方法降低了你决定购买的阻力。

锚定偏见偶尔也会有用，因为它能帮助我们过滤信息，我们可以快速筛选海量的细节而不至于淹没在其中。

但在大多数情况下，锚定偏见有碍决策。它使我们容易成为井底之蛙，从而忽视或曲解相关信息，形成不合理的主观臆断。

如何克服锚定偏见：战胜这种偏见特别困难。即使我们不能彻底消除锚定偏见，但也可以大大减少它对我们的判断和选择的影响。首先，承认你的大脑所建立的锚点，并认识到它对于我们的目标无关紧要。

其次，用主动选择的锚点取代潜意识设定的锚点。这样可以让你建立一个与自身需求和目标更为相关的锚点。

确认偏见

这种偏见可以说是众多偏见中最广为人知的一种。许多人都听说过确认偏见，由于它非常普遍，大多数人都会受其影响。

确认偏见来自我们先入为主的观念和看法。我们会高估与这些观念和看法一致的信息，而对于与之相悖的信息则会不屑一顾。

假设你正在阅读一篇关于政府开支的文章。你也许和大多数人一样，对政府应该如何花钱有着自己的看法。如果文章提供的信息印证了你的观点，你就更有可能接受这篇文章；如果文章提供的信息挑战或驳斥了你的观点，你就更有可能厌弃它。

我们不应该为此而羞愧。我们所有人都在与确认偏见做斗争，因为它发生在潜意识中，几乎如本能一般。尽管如此，我们仍需认识到确认偏见扭曲了我们对事实和细节的看法，并可能导致我们做出不尽如人意的选择。确认偏见甚至会使我们不能公平对待与我们观念和看法不同的人。

如何克服确认偏见：第一，学会质疑自己的观点。问问自己，这些观点因何而来？自己为什么会持有这些观点？它们是基于数据还是基于情感？

第二，敢于摆脱与你当前决定有关的"回音室效应"。人们很容易陷入回音室效应，特别是在社交媒体上。如果你能从中解脱出来，就不容易受到主流观点的影响，并能更好地做出合理的、有把握的选择。

第三，与那些和你持有不同意见的人讨论你的决定。这样，你就不是在试图通过达成一致意见来做决定，而是在探索不同的观点，挑战自己先入为主的观念。

可得性偏见

这种偏见赋予了能快速被想起的信息的重要性。我们的大脑认为，能够立即想起的信息一定是重要的，而其他的信息则不那么重要。

可得性偏见，又名可得性启发，是一种心理捷径。当我们缺乏资源或意愿进行全面调查时，可得性偏见使我们能够快速处理信息。在我们必须做出决定或判断，在没有时间考虑每一个相关因素时，可得性偏见就会迅速发挥作用。遗憾的是，可得性偏见也可能让我们的思维出现错误，这些错误可能导致我们做出令人遗憾的决定。

假设你打算购买一辆新车，因为你现在的车已经快报废了，需要换掉。而最近新闻报道的焦点是全国失业率的攀升。每天晚上，你都听到人们失业的新闻，这些报道让你想到自己也有失业的可能。最终，你决定暂时不买新车了。

如果你真的面临失业的风险，这可能是一个好决定。但也很有可能是一连串令人不安的就业新闻所产生的可得性偏见，扭曲了你的观点。如果你并没有面临失业的风险，那么推迟淘汰故障车辆就是一个糟糕的决定。

这种偏见会带来很大的麻烦，因为它促使我们根据不完整的、有误导性的信息做出决定。仅仅因为我们能够立即想起特定的信息，并不意味着这些信息是相关和可靠的。

控制可得性偏见需要两方面的配合。第一，我们必须拥有足够的自我意识，认识到在面对一个决定时，我们立即想起的信息本身是不充分的，所以我们应该学会质疑这些信息，并问自己,"这些信息是否像表面上看起来那样可靠?"

第二,我们必须致力于对那些不明显且不易想到的因素进行慎重审查。这些因素往往对我们的决定有同样重要的影响。忽视这些因素甚至会造成灾难性的后果。

乐观主义偏见

乐观是好事。研究表明,拥有积极态度的人更有可能获得快乐,也更有可能实现他们的目标,并更愿意接纳新的想法和体验。然而,过度乐观也会使我们在做决定时心态出现偏差。

乐观主义偏见使我们不顾自身的情况,坚信自己不会受到不利结果的影响。我们认为坏事可能发生在别人身上,但不会发生在自己身上。这种不切实际的观点使我们对自己的知识、能力和掌控力过度自信。同时,它导致我们忽视甚至否定那些在决策过程中有用的信息。

假设你打算存一笔应急资金。如果你失业、患上治疗费用不菲的疾病,或遭遇任何财务困境,便可动用这笔钱。乐观主义偏见可能会使你相信,这类情况下的危险没有实际情况那么严重。在过于乐观前景的鼓励下,你可能决定减少对应急资金的投入,或完全不打算存应急资金。这样的决定会让你在金融灾难突然来临时毫无准备。

接受"杯子半满"的观点在许多方面是有益的，比如上面提到过的一些好处。但这种观点也可能成为我们的致命弱点，导致我们脱离自己的实际情况，在做重要决定时失去理性。

如何克服乐观主义偏见：我们可以使用两个认知"技巧"来排除乐观主义偏见。第一，我们可以从局外人的角度来看待我们的情况。我们容易对自己的知识、能力和控制力有一种美好的假设，这样做可以让我们少受这种假设的影响，并促使我们更加依靠客观数据。

第二，我们可以从可能发生错误的角度去看待一个决定。这样做能让我们预先设想自己的选择可能导致的不利结果。只要我们采用这种思维，就可以倒推什么地方出了问题。心理学家和作家丹尼尔·卡尼曼（Daniel Kahneman）将这种策略称为采取"事后分析法"进行决策，它可以消除我们的过度自信。

邓宁-克鲁格效应

这种偏见让我们相信自己在特定情况下比实际情况更有能力。我们相信自己聪明绝顶，能力出众，掌握了充分的信息，能够一往无前，而事实上，我们并没有那么优秀。

邓宁-克鲁格效应是基于心理学家大卫·邓宁（David Dunning）和贾斯汀·克鲁格（Justin Kruger）的研究。他们发现，有这种认知偏见的人会高估自己的能力和知识，并且缺乏足够的自我意识来认识到这一点。因此，这些人自以为完全了解情况，而仔细观察就会发现他们是自信过头了。

我们所有人都很容易受到这种认知偏见的影响。事实上，所有人都有可能成为它的受害者，包括我自己在内的一些人，则经常会深受其害。

例如，我打算去一家新餐厅，自以为能找得到这家餐厅。这种设想是对自己的一种高估，让我在既不知道路也没有地址的情况下就出门了。

或者想象一下工作中的自己。你急于在老板面前表现自己，因为这样可能会带来升职和加薪的机会。于是，当有一个大型项目送上门时，你自认为拥有完成项目的技能和知识，便满腔热血地接了下来。然后，残酷的现实摆在了眼前，你慢慢意识到，自己并不具备关键领域的知识和技能，而最终成为邓宁-克鲁格效应的牺牲品。

我们所有人都难免在某个时候遇到这种情况，由于这种认知偏见可能造成灾难性的后果，所以我们必须学会控制它。

如何克服邓宁-克鲁格效应：战胜这种偏见的关键是培养足够的自我意识，认识到我们容易受到这种偏见的影响，这种自我意识可以打消过度自信。我们不再盲目相信自己，而是本能地去发现自己的盲点所在，而且要相信一定会存在盲点。

另一个有用的做法是时常寻求他人的反馈意见，特别是在我们感兴趣的领域中，那些专家的意见。他人建设性的批评意见往往会暴露出我们在理解力或专业知识方面的缺陷。这种信息很有价值，它使我们有机会认识和纠正可能会造成麻烦的盲点和疏忽。

损失厌恶偏见

我们在上一章中讨论了损失厌恶偏见的大致内容，此处不再赘述。但这种偏见的确值得更多关注，特别要注意损失厌恶偏见对我们决策的影响，以及如何最终克服它。

损失厌恶偏见常常使我们逃避做决定。任何选择都伴随着损失的风险，即使这种损失仅仅表现为一种机会成本（例如，选择了A选项就不能再选择B选项）。这就是公司提供产品试用期的原因，在试用期内我们可以免费使用公司的产品。产品试用消除了损失的可能性，从而促使我们做出购买决定。

损失厌恶偏见还会使我们不愿意承担可测算的、合理的风险。例如，我们可能担心被人们关注，而拒绝承担工作中的重要项目；也可能担心钱会打水漂，而避免购买新房；还可能担心没有时间与家人和朋友相聚，而放弃开创副业的机会。

在上述的情况中，失去我们所珍视的东西（工作中的声誉、储蓄或社交生活）的可能性，使得我们拒绝承担合理的风险。对损失的恐惧促使我们谨慎行事，哪怕这样会错过大好机会。

如何克服损失厌恶偏见：有两种策略可以有效地控制这种偏见。第一种策略是，我们应该将每个决定都与它的风险和回报联系起来。我们必须问自己："有可能失去什么，又有可能得到什么？"这种方法会减少我们对于决策风险的纠结，促使我们客观地权衡风险与可能的回报。

第二种策略是设想某个决定可能带来的最坏情况。通常情况下，客观地看，最坏情况并不会像我们想象的那么糟糕。认识到这一事实后，我们就可以消除毫无根据的恐惧，勇往直前。

幸存者偏见

我们更倾向于相信成功的人、热门的事件和流行的观念，而不是反过来。在许多情况下，我们根本无视后者，这被称为幸存者偏见。这是一种心理捷径，使我们关注大群体中明显成功的小群体，并赋予他们过多的权威或重要性。

假设你打算开一家餐厅。你读过一些成功的餐厅老板的故事，如戈登·拉姆齐（Gordon Ramsey）、杰米·奥利弗（Jamie Oliver）和蒂尔曼·费尔蒂塔（Tilman Fertitta）。他们的成就让你相信自己的餐厅也能生意兴旺，但你有可能忽略了与经营餐厅业务有关的客观数据，这些数据包括：60%的餐厅在开业一年内就倒闭，80%的餐厅活不过5年。

这是幸存者偏见的一个例子。幸存者偏见是一种狭隘的眼光，我们只看到了成功的案例，而忽略了失败的案例。因此，我们对成功者的评价太高，而对失败者的评价不够。这往往会导致过度乐观和过度自信，这两种情况都降低了我们做出理性决策的能力。比尔·盖茨（Bill Gates）和马克·扎克伯格（Mark Zuckerberg）从大学辍学后都成为成功的企业家，但并不意味着我们可以效仿他们的做法，复制他们的成功。

如何克服幸存者偏见：我们可以通过三种方式来消除决策中的幸存者偏见。第一，我们必须仔细检查信息的有效性。信息可靠吗？我们在选择信息来源时是否过于挑剔，过度重视成功案例？

第二，我们应该假设自己没有看到事情的全貌，特别是如果我们曾经吃过幸存者偏见的亏的话，更应如此。我们应该问问自己："我们漏掉了什么？我们的盲点在哪里？"

第三，我们应该仔细检查任何一个成功的案例是否是孤例。这个成功的案例是否公平地代表了它所属的更大群体？还是说它不合常理，只是一个统计学上的例外？如果是这样，我们应该相应地调整我们对其重要性的权衡。

行动偏见

行动偏见迫使我们在不知道目标的情况下，也会采取行动。我们觉得做点什么（任何事情！）比什么都不做要好。我们会优先考虑行动而不是无所作为，并相信前者会比后者带来更好的结果。

例如，假设你感觉不舒服，又不确定原因是什么，如果不知道病痛的根本原因，就无从得知该如何消除。尽管事实如此，但是你可能仍然觉得必须得服用一些非处方药。你有一种必须要做点什么而不是无所作为的冲动。

另一个经常被用来说明行动偏见的例子是足球守门员在罚点球时的决定。大多数守门员会选择向左或向右扑来防止进球。但研究表明，守门员只要保持不动，就更有机会成功防守点球。[1]从统计学上看，按兵不动会比盲目行动带来更好的结果。然而，几乎不会有足球守门员用这种方法来防守点球。这就是行动偏见在起作用。

当我们没有充分的理由就采取行动时——为了避免无所作为——我们有可能做出错误的决定，导致出现不利的结果。我们仅凭一时冲动行事，而不是在仔细分析相关信息后选择合理的行动方案。

如何克服行动偏见：消除行动偏见的第一步是认识到无所作为不等于承认失败，也不是因为缺乏勇气或决心。选择什么都不做往往体现的是耐心和自制力，这两点都可以产生积极效果。

第二种方法是问问自己："我是否需要现在就做出决

---

[1] Bar-Eli, M., Azar, O.H., Ritov, I., Keidar-Levin, Y., and Schein, G.(2007). "Action bias among elite soccer goalkeepers: The case of penalty kicks." Journal of Economic Psychology. 28(5), 606-621. DOI: 10.1016/j.joep.2006.12.001

定？"这个问题可以抑制我们冲动行事。这往往可以避免意气用事，让我们有时间想清楚立即采取行动的风险和回报。这种方法让我们有机会认识到，按兵不动至少就当前而言，可能是前进中最有效的途径。

自利偏见

这种偏见使我们将成功归功于自己，而把失败归咎于我们无法控制的情况。社会心理学家声称，这种倾向源于我们保护自尊的需要。

假设你正在参加一场重要的考试。如果考得很好，你可能会把考试的成功归功于自己长时间的埋头苦学；如果考砸了，你可能会把自己的糟糕表现归咎于教授的教学风格不行，或是考试时房间的温度不合适，或是邻居太吵在前一天晚上影响了你的睡眠。

或者假设你正在向一位重要客户做销售介绍。如果顺利达成了交易，你可能会将之归功于你对客户需求的洞察力；如果没能完成销售，你可能会把结果归咎于客户心情不好。

自利偏见会干扰决策过程，因为它让我们对自己的缺点视而不见，而错误地将失败归咎于外部因素。自利偏见制造了盲点，我们高估了自己的知识和能力，却低估了自身不足所带来的风险和危险。

如何克服自利偏见：我们可以采用两种具体的方法来消除这种偏见。第一，必须要认识到，我们在失败时，会有将责任推给外部因素的冲动。这种冲动是本能的，所以我们可能不会立即意识到，我们必须学会警惕这种行为。简单的觉察可以使我们有机会在这种偏见出现时进行自我纠正。

第二，必须承认，人人都会犯错，我们并不完美，所以错误在所难免。自我承认这一点能让我们对自己的失败负责，它让我们更有勇气对自己的选择和行为负责。虽然这种责任看似可怕，但它能使我们在决策中拥有更大的权力。

权威偏见

这种偏见迫使我们认为权威人物的意见比一般人的意见重要。权威偏见使我们倾向于过度重视权威人物的意见，这种冲动在生活的各个方面都司空见惯。之所以如此，是因为大多数人自然而然地认为有必要服从权威——俯首于领导人，这是一种本能。

这种倾向最典型的例子也许是著名的米尔格拉姆实验

（Milgram experiment）。在耶鲁大学的斯坦利·米尔格拉姆（Stanley Milgram）开展的这项实验中，参与者被分为两组："教师"和"学习者"。教师在权威（"实验员"）的指示下，向学习者提问。

教师们并不知道，这些学习者都是演员。学习者被绑在椅子上，身体与电极相连。当他们对问题的回答错误时，教师要按照指示对学习者进行电击。教师还被告知，学习者每答错一次题都要增加电击的强度。

米尔格拉姆想知道教师会在多大程度上服从命令，他发现大多数教师都会继续进行明显很痛苦的电击，甚至在看着学习者痛苦挣扎时也不会停手。原因是什么？仅仅是因为权威人物（"实验员"）指示他们要这样做。当少数教师迟疑时，实验人员会催促他们继续，他们最终还是执行了实验人员的指示。

权威偏见显然会对我们的决策产生有害的影响，它可能导致我们忽略或无视重要的变量，会使我们倾向于过分信任权威的信息。

如何克服权威偏见：虽然这是一种最为常见的偏见，但也是最容易消除的一种，我们可以采用两种策略来克服权威偏见。首先，我们应该本能地问问自己，权威人物是否真的是他或她所发表意见的领域内的专家。例如，当名人对政府政策发表意见时，我们应该对他们的意见给予多大的重视？

其次，我们应该质疑权威人士提供特定意见时是否受到了利益的驱使。例如，主张使用某种特定药物的医生可能会收到生产该药物的制药公司的奖励。汽车销售人员的报酬往往与所销售车辆的价格挂钩。

下一章预告

在本章中，我们学习了很多内容。我收录这些内容，是因为我认为认知偏见是我们做出良好决策的能力的最大障碍。这些偏见对我们生活的各个方面都有负面影响。它们有损于我们在家庭中、工作上和学校里的各种决定。这些偏见误导我们做出影响我们事业、人际关系的决定，而这些决定最终会影响我们的生活质量。

尽管在本书的第二部分"做出更好决定的14种策略"中，我们不会再提及以上偏见，但我们要认识到这些偏见构成的障碍会一直存在。好消息是，我们现在拥有了可以战胜它们的武器，知道了如何识别它们，以及如何降低它们负面影响的具体策略。

第一部分
了解我们的决策过程

在下一章中,我们将快速了解一种心理现象,它会限制我们做出合理决定的能力。你肯定经历过这种现象,接下来我们将了解这种心理现象发生的机理,以及应对之道。

决策疲劳的影响

> "造就我的不是环境,而是我自己的决定。"
> ——史蒂芬·R. 柯维(Stephen R. Covey)

我们所有人都受决策疲劳所累,决策疲劳影响着我们生活的每一天。值得警惕的是,我们通常意识不到决策疲劳的发生。它既难以察觉,又消耗精力,而且会对我们的决策过程造成巨大的干扰。决策疲劳会导致我们做出不正确的、非理性的选择,即使我们清楚这些选择与我们的目标相悖。

下面,我将解释决策疲劳是如何发生的,以及它是如何影响我们做出正确、合理和有效决定的。之后,我将分享几种你可以现学现用的策略,减少决策疲劳对自己的影响。

决策疲劳的定义

想想上一次你在焦头烂额、精神紧绷地工作了一整天后回到家时的情景。参加一个接一个的会议,与难缠的客户和同事谈判，以及无休止地处理各种紧急情况，使你感到身心疲惫。你迫不及待地想要获得平静与放松。整整一天你都在花时间做各种或重大或琐碎的决定，现在，在一天结束的时候，你感觉身体被掏空了。

假设你通常会换上运动服和跑鞋出去慢跑。慢跑不光可以帮助你厘清思路，还能锻炼身体。但今天你却感到疲惫不堪，选择躺在沙发上，抱着一堆垃圾食品，看着电视上的剧集。

你已经被决策疲劳打败了。

决策疲劳指的是我们由于进行了大量的决策，导致做出良好决定的能力越来越弱。决策能力的表现就像汽车的油箱，早上醒来的时候，我们的油箱是满的，但我们做出的每个决定都会消耗燃料，做的决定越多，消耗的燃料就越多。最终，在做了几百个决定后，油箱就空了，我们的决策能力严重受损。

许多人认为自己的错误选择是由于缺乏意志力。实际上，人们不乏意志力。但漫长的决策过程会不断地削弱人们的意志力。

这种现象会发生在每个人的身上，无人能够幸免。例如，2011年发表的一项研究表明，法官的法律判决受到他们所做判决的数量和由此产生的疲劳的影响。[1]随着一天中连续工作的时间不断加长,法官做出有利于囚犯判决的比例明显下降。

这些法官已经完全受到了决策疲劳的影响(这对囚犯来说是不幸的)。

决策疲劳如何影响你的生活

认识决策疲劳的深远影响对我们而言至关重要。决策疲劳对我们生活中方方面面的选择都会产生负面影响,它支配我们在工作中的决定和投入;影响我们管理金钱的方式;改变我们的行为,不论我们是在家里、在学校还是与朋友和亲人在一起时。

假设你在工作时将注意力全部集中在你所负责的一个大项目上。你在一天内做了无数的决定,现在已经疲惫不堪。在这种状态下,你更有可能在工作的质量上偷工减料。

或者假设你晚上在便利店里采购生活用品。通常情况

---

[1] Danziger, Shai, Levav, Jonathan, and Avnaim-Pesso, Liora (2011). "Extraneous factors in judicial decisions." *Proceedings of the National Academy of Sciences*. 108 (17) 6889-6892. DOI: 10.1073/pnas.1018033108. https://www.pnas.org/content/108/17/6889

下,你会无视结账柜台上的垃圾食品。但是,由于你才度过了因密集决策而感到筋疲力尽的一天,你做出明智选择的能力受到了影响。因此,当你看到糖果、薯片和饼干在打折时,你一反常态地购买了它们。

或者假设你和朋友一起去餐厅吃饭。通常你会在用餐时小酌一杯葡萄酒,你知道自己对酒精的耐受力很低,所以通常饮酒不会超过一杯。但由于当天你被迫做了无数的决定,特别劳累,自我调节能力被削弱了。因此,只喝一杯的你最后喝了三杯。

决策疲劳对我们的影响往往悄无声息。它不易察觉的特性使我们在面对压力和绩效低下、冲动以及对自己情绪、思想和行动的控制能力减弱时,特别容易受到影响。它还使我们更易受到前一章介绍的认知偏见的影响。决策疲劳甚至会导致决策回避,当这种情况出现时,我们会不知所措,完全不愿意做任何决定。

接下来,让我们了解一些简单的策略。从现在开始,我们就可以用它们来对抗决策疲劳。

克服决策疲劳的7项策略

一直逃避决策是不可取的。逃避决策将令我们一事无成。因此，我们必须依靠其他措施来防止决策疲劳以及消除它所带来的倦怠感和疲惫感。

形成帮助决策的惯例

回顾一下前面的"油箱"比喻。即使是再小的决定也会消耗燃料。因此，我们可以针对这些小事形成帮助决策的惯例。

例如，每天早上定时起床，早餐吃同样的食物，每天坚持相同的锻炼计划。还有，与其为在一周的哪一天洗衣服而伤脑筋，不如固定在每个周六早上洗衣服。

毫无疑问，你可以通过创建这些小惯例来免除许多决定。

利用自动化的便利

你被迫做出的决定越少，就越能防止决策疲劳。有许多可以帮你自动选择的方法。

例如，为每个月必须支付的账单设置自动付款（电费、车贷等）。创建一个自动投资程序，每个月将你活期存款账户内的钱转到一个共同基金。如果你经常收到很多不需要立即回复（或根本无须回复）的电子邮件，你可以在电子邮件程序中设置邮件过滤功能，自动将这些邮件放入不同的文件夹，以便以后阅读。

首先处理重要的决定

有些决定比其他决定优先级更高。在处理低优先级的决定之前，优先处理重要的决定。

假设你需要选择一家为公司提供原材料的供应商。你的选择将产生深远的影响，它将影响到你的产品质量，并制约其可用性。它可能决定了未来你能在多大程度上扩展你的产品线。与其把这个重要的决定推迟到当天晚些时候，不如尽早解决这个问题。

记得"油箱"的比喻吗？早上油箱里的油永远比下午或晚上的多。

简化低影响力的决定

许多决定之所以复杂，是因为我们无谓地使它们变得复杂。决策越复杂，它所消耗的决策"燃料"就越多。考虑到这一点，如果多个选项中的某一个对你的目标影响最小，就将其简化。

例如，与其每天选择穿什么衣服，不如让你的衣物风格类似。这会使你的选择更简单。如果你经常主动为联谊聚会准备食物，那么只要你有一份简短的清单，列出你通常为这种场合准备的菜肴，就不必再为准备什么菜而苦恼。如果你需要给家里买一条网线，首先选择一个合适的长度，然后再考虑其他因素，不要在众多的选项中犹豫不决。

在做出重要决定前吃点东西

这一策略听起来很简单，对吗？也许确实过于简单了。但这意味着这一策略通常会被忽视。

吃东西可以补充你的血糖，补充血糖可以提高你做出正确决定的能力。[1]你是否在饥饿时难以集中注意力？是否因为没吃午餐而变得易怒和不耐烦？我们所有人都有过这样的体验。低血糖会损害人体的自我调节，让人更加容易冲动。这不利于做出好的决定。

因此，每当你需要做出重要决定时，就吃点健康的东西，补充你油箱中的"燃料"。

学习如何说不

许多决定是别人强加给我们的。同事要求我们提供不合理的帮助（例如，同事恳求我们处理本该由他们负责的很费时间的任务）；熟人在有其他办法的情况下找我们帮忙（例如，他们可以很轻松地雇到专业搬家公司，却想让我们帮他

---

[1] Orquin, Jacob L. and Kurzban, Robert (2016). "A meta-analysis of blood glucose effects on human decision making." *Psychological Bulletin*. PMID: 26653865. DOI: 10.1037/bul0000035. https://pubmed.ncbi.nlm.nih.gov/26653865/

们搬家）；朋友和家人没能尊重我们的私人边界（例如，经常不事先打电话就来拜访）。

要毫无心理障碍地说"不"。你可以带着优雅和尊重说"不"，这样就能免除被别人强加的决定。

一开始要说"不"很困难，但随着经验的积累，就会变得更容易。这样做的好处是，如果你坚持对特定类型的要求说"不"，就会使得别人调整对你的期望。这会防止他们今后将你不愿意做的决定强加给你。

尽量减少分心

每天我们的身边都充斥着许多令人分心的事物，它们大多对我们的生活没有什么价值。这些令人分心的事物对我们来说可能是有趣的，甚至可能满足我们内心的窥视欲。但如果它们突然不存在了，我们的生活也不会受到任何严重的负面影响。

同时，令人分心的事物降低了我们正确决策的能力。它们会转移和分散我们的注意力；会让我们为不相关的信息浪费宝贵的时间和注意力；会混淆我们的选项，缩小我们的视野，束缚我们的洞察力。

由于这些原因，每当你需要做出重大决定时，排除无关紧要的干扰是很重要的。例如，避开社交媒体，远离同事之间的闲言碎语，不理会朋友的非紧急电话和短信。令你分心的事物越少，你就越容易做出决定。仅仅这一点就能有助于将决策疲劳拒之门外。

下一章预告

我们在"第一部分：了解我们的决策过程"中所讨论的所有内容为"第二部分：做出更好决定的14种策略"奠定了基础。在下一章中，我们将介绍一些可以用于改善决策的系统工具。在生活中任何你能够想得到的领域，这些工具都将有助于让你的选择产生更好的结果。

第二部分

做出更好决定的 14 种策略

第二部分
做出更好决定的14种策略

我们很少能掌握所需的全部信息,做出对结果有绝对信心的决定。不确定性会一直存在。有时我们很难获得需要的信息,考虑到其预期的影响,为获得信息所付出的时间和精力可能会成为一笔得不偿失的投资。有时候,我们会受到盲点、成见和偏见的阻碍,这些都有可能破坏我们的决策过程。因此,可以有把握地说,我们总是或多或少地在不知情的情况下行动。

本书的这一部分将为你介绍一些策略,你可以利用它们将未知变量和不利因素对你的影响降到最低。这些策略大多数都很简单(最有用的策略往往都是如此),个别策略会略显复杂。但无论简单还是复杂,这些策略都将帮助你系统地分析情况,并根据你所掌握的信息做出合理的选择。

这些策略还有一个好处是:它们会激励你采取行动。在面对不确定性时,我们中的许多人都倾向于暂缓做出决定。我们感到没有足够的能力在相互冲突的选项中做出明智的选择。因此,我们会因为瞻前顾后而裹足不前。本书第二部分中的策略将促使你即使是在面对不确定性的时候,也能采取明智的战略行动。

在我们开始这一部分之前,最后还需说明一点……

如前所述,这一部分的每一章结尾都附有一个练习。你也许会想敷衍了事,欺骗自己晚点再做这些练习。但我强烈建议你在阅读这些章节时就完成这些练习。只要你将这部分的内容前后连贯起来,学习每一种策略的运作方式,然后将其付诸实践,就必能从中受益。

这些练习有两个作用。首先,它们会提高你对一些常见决策错误的认识,这些练习将帮助你学会避开这些错误。

其次,这些练习将示范如何轻松地运用本章中介绍的策略来评估你的选项,并做出有理有据的明智决定。大多数人都是根据直觉和本能来做决定的,不利结果难免会出乎他们的意料。这些练习将揭示要避免类似的不利结果是多么地简单(和巧妙)。

友情提示:这些练习需要一些时间和注意力。但请放心,这是一项非常值得的投资。如果你完成了这些练习,我保证你投入的时间和精力将在未来获得丰厚的回报。

那么,让我们撸起袖子,开始干吧……

策略1：明确你的预期结果（为什么这很重要）

> "伟大并不是环境的作用。事实证明，伟大在很大程度上是因为明智的选择和自律。"
> ——吉姆·柯林斯（Jim Collins）

在我们做出重大决定之前，明确自己想要实现的目标是很重要的。这种意识可以让我们全神贯注，开足马力，它赋予我们目标和动力，它鞭策我们组织和管理自己的资源以发挥其最大效用。

你一定听说过"以终为始"的箴言，这正是我们应该采取的决策方式。

明确预期的结果也有助于确保我们做出的选择与个人的价值观相一致。当我们的选择和价值观一致时，我们会觉得当下自己的付出更加值得，我们会感到自己对决定的结果拥有更强的掌控力和责任感，我们会体会到更强的主导感。

如果我们无法确定预期的结果，在决策中忽视个人的价值观，我们就会迷失方向。我们无法充分认识到自身情况的严重性，以及互相冲突的选项所带来的后果。更糟糕的是，由于抛弃了我们的核心原则,我们失去了做出正确的选择的动力。我们失去了衡量标准,无法确定对我们真正有意义的事情。

那么,如何才能确定我们清楚自己所期望的结果,并做出符合我们价值观的选择呢?我可以扪心自问——并坦率回答——以下四个问题:

"我想实现的目标是什么?"

尽可能地具体。

"我为什么要实现这个目标?"

我们的资源是有限的,永远没有足够的金钱、时间和注意力可以分配给所有想要实现的目标。因此,实现这一特定目标就意味着推迟或放弃其他目标。在资源有限的情况下,为什么这个目标对我们来说很重要呢?

"为实现这一目标,我需要付出什么?"

要想认识到某一目标的重要性,我们必须清楚自己需要牺牲什么才能实现这一目标。我们需要知道自己需要投入多少金钱、时间和注意力(我们最有限的三种资源)。明确了这个问题,我们就可以量化所需要的投入。这反过来又有助于我们比较不同的目标,并更好地判断应该优先考虑哪些目标。

"这一目标是否符合我的核心价值观？"

想象你的决定已经帮助你实现了预期目标，感觉如何？结果是与你的个人身份相符，还是有损于你的身份？

我们的价值观与我们所做的每个决定交织在一起。我们的选择最终反映了我们本质上是什么样的人，这就是糟糕的选择有时让我们感到难过的原因，它们往往背弃了我们的信念。

让我们把上述内容付诸实践吧。

练习1

想象一个对你很重要的目标。这个目标可以与你的健康、职业、旅行或财务稳定有关。或许你想改善与某个人的关系，学习一项新技能，或接受高等教育。出于练习的目的，我们假设你的目标是拥有10万美元的存款。

首先，问问自己为什么要存这么多钱。是未雨绸缪以备不时之需吗？是为了安享退休生活吗？是为了支付孩子的大学学费吗？

接下来，计算为实现这一目标你需要投入的资源。这个例子中的主要资源当然是钱。因此，你每个月需要存多少钱？注意这笔钱不能挪作他用。确定一个具体的金额将有助于你判断这一目标与其他同样需要这笔钱的目标（旅行、追

高效决策
做出明智决定的14个策略

求高级学位、买房等）相比孰轻孰重。

最后，问问自己，为实现目标而储蓄10万美元是否符合自己的价值观。假设你存钱是为了供孩子上大学，替孩子支付大学学费符合你的个人身份吗？它是否体现了你是什么样的人？再想象一下，你已经存够了10万美元，并将其存入了一个用于实现你目标的专门账户，感觉如何？

练习所需时间： <u>15分钟</u>

策略2：减少损失厌恶的影响

> "该下决心之际，最佳的做法就是做出正确的决定，其次是做出错误的决定，最糟的是不做任何决定。"
>
> ——西奥多·罗斯福（Theodore Roosevelt）

在"第一部分：了解我们的决策过程"中，我们学习了损失厌恶。我们定义了这种倾向，阐明了它的发生机制，研究了它对我们决策的不利影响。在本章中，我们将学习如何把损失厌恶对我们的影响降到最低。

损失厌恶源于恐惧。我们害怕失去我们所珍视的东西，因此会不遗余力地避免这种情况。这个"东西"可能体现为金钱，也可能是一段恋情、一件衣服或拥有选择权的自由。营销人员经常利用损失厌恶来诱导消费者购买不需要的产品（例如，"涨价前最后8小时，欲购从速！"）。

有时，损失厌恶也具有实用价值。汽车保险就是一个很好的例子，我们购买保险是为了在交通事故或车辆损坏时不遭受重大经济损失。另一个例子是分散投资，我们的整个投资组合不会只有一只股票，我们会投资多只股票或共同基金，这是为了尽量降低经济损失所带来的风险。

问题是，如果对损失厌恶不加以控制，它可能会严重损害我们做出合理决定的能力。损失厌恶非但不能帮助我们降低风险，反而会诱使我们认为任何风险都是不可取的。这种心态导致优柔寡断，不愿意把风险当作是决策中正常的取舍参考。

那么，我们在决策时该如何避免损失厌恶呢？幸运的是，我们只需要采取一些简单的措施就能降低损失厌恶的影响。下面是我们可以马上就做的四件事。

摆脱"非得即失"二元模式，重新制定决策

如果我们过度关注可能出现的损失，往往就会以"非得即失"的固有模式来考虑我们的情况。要么赢，要么输，这就是我们认定的唯一的两种结果。这种模式并不合乎实际，因为它忽略了潜在收益和损失之间的细微差别，或者说梯度。

假设我们打算将1万美元投资于共同基金，损失厌恶令我们担心如果股市遭受重挫，我们的1万美元会打水漂。但这种想法忽略了一个事实：我们即使遭遇损失，也很少会是绝对

损失。在熊市中，我们的确有可能亏损，但这种亏损很少会血本无归。相反，我们亏损的可能只是一小部分的投资（如10%，即一千美元）。

减少损失厌恶对决策的影响的一个方法是重新梳理我们的选择。我们不应考虑收益或损失的问题，而应思考我们能收益多少或损失多少的问题。我们应该改变视角，重点关注情况的细微差别。例如，我们投资的1万美元在未来几年可能增长多少？我们的投资实际上可能损失多少？

以这种方式重新制定决策，可以避免损失厌恶，消除恐惧心理。

设想最坏的情况

记住，损失厌恶源于恐惧。问题是，这种恐惧几乎总是被放大，恐惧会使我们毫无来由地感到脆弱。

我们再用上面提到的投资的例子进行说明。我们担心如果遭遇熊市会损失所有的投资，但这样的情况在股票市场的历史上从未发生过。在美国大萧条期间，道琼斯工业平均指数（DJIA）损失了89%的市值。但此后，政府便实施了一系列的措施，以防止这种情况再次发生。此外，分析表明，即使我们在1929年市场的绝对最高点进行投资（即能够想象得到的最糟糕的时机），那么到了1936年年底也能完全恢复过来。

这说明了一个重要的道理：我们可以通过设想与某一特定决定相关的最坏情况来克服损失厌恶。如果诸事不顺，可能发生的最坏情况是什么？很多时候，最坏的情况并不像我们最初想象的那样是灾难性的。

一旦我们接受了这种极端的困境，就该接着问自己两个后续的问题：

1. 我们能否应对相应的困难？
2. 我们最终能够恢复元气吗？

如果我们对自己诚实，几乎遇到任何情况，这两个问题的答案都将是肯定的。

屏蔽不合理的悲观新闻和意见

悲观情绪往往源于恐惧，它会加剧损失厌恶。无论是来自"时事"新闻、社交媒体，还是来自朋友、家人或同事，悲观情绪都强调了损失的可能性。它刺激了灾难性的思维，并强化了灾难随时可能降临的观念。我们会失业吗？我们会破产吗？我们的事业会失败吗？

这种悲观情绪妨碍了我们做出合理、明智决定的能力，它使我们过分执迷于对潜在损失的恐惧。

打消这种悲观情绪的一个简单方法是屏蔽那些助长和宣传这种情绪的信息来源。如果我们喜欢的"时事"新闻媒体网站上全是悲剧、惨剧和恐惧，我们就应该无视这些网站。如果社交媒体让我们变得愤怒和焦虑，我们应该少用社交媒体。如果我们的朋友、家人和同事总是向我们输出悲观情绪，我们应该拒绝他们的建议和意见。

屏蔽悲观情绪的信息来源使我们能够避开毫无根据的消极情绪，挣脱对损失过度恐惧的束缚，做出理性的、符合逻辑的决定。

使用决策象限

决策象限是一个简单的工具，我们可以用它在分析选项时管理自己的情绪。下面是决策象限的使用方法：

在一张白纸的中间画一条竖线。然后，再在中间画一条横线。你就得到了四个象限。

● 在左上角的象限里，写上"如果我选择1号选项，会出现哪些积极因素？"

● 在右上角的象限里，写上"如果我不选择1号选项，会出现哪些积极因素？"

- 在左下角的象限里，写上"如果我选择1号选项，会出现哪些负面因素？"
- 在右下角的象限里，写上"如果我不选择1号选项，会出现哪些负面因素？"

决策象限，如果使用得当，能清楚表明每个决定会带来的结果，不管这些结果是好是坏。决策象限的分析作用能使我们免于损失厌恶所导致的无端恐惧。

让我们把上述内容付诸实践吧。

练习2

假设你正在考虑换掉现在的工作。第一，你需要确定自己对这个决定是否有不切实际的"得失"心态。如果有，就需要重新分析这个决定，重点考虑与之相关的可能的回报和风险。例如，新工作会不会让你更快乐？你会享有更多的自主权吗？辞去现在的工作，是否意味着放弃职业发展机会？你需要重新购置上班穿着的衣物吗？上下班通勤时间会更长吗？新工作会让你感到厌烦吗？

尽可能多地考虑诸如此类的小细节。

第二，考虑最坏的情况。辞去目前的职位另谋高就，最坏的结果是什么？新工作机会也许会泡汤，导致你既没有工作也没有收入。问问自己是否能够挺过这种难关。如果你有一些积蓄,答案几乎是肯定的。接下来,问问自己是否能东山再起,如果答案同样是肯定的,那么你很有可能会找到另一份工作。

第三,确定持续性悲观情绪的来源。想一想新闻媒体网站、元宇宙(Meta)和推特,以及你周围的人。开始屏蔽这些负面情绪的来源。如果"时事"新闻关注的焦点是裁员,而这些信息对你并不适用,就忽略这些新闻;如果元宇宙和推特上全是职场故事,就停止使用元宇宙和推特;如果朋友、家人或同事不断警告你不要辞职,评估他们的意见和建议的合理性,如果他们是在杞人忧天,就不要理会。

第四,创建一个决策象限。按照上面第4条所讲述的步骤。用决策象限来研究与换新工作相关的每一种可能的后果,不论它是好是坏。

如果你完成了这四个步骤,就能彻底摆脱损失厌恶造成的恐惧。然后,你就能够自信地根据相关因素和信息做出理性的决定。

练习所需时间: 30分钟

策略3：区分重要和不重要的决定

> "重要的事情往往不紧急，紧急的事情往往不重要。"
>
> ——德怀特·D. 艾森豪威尔（Dwight D. Eisenhower）

做出好的决定的障碍之一是我们往往会混淆紧急的决定和重要的决定。这种混淆通常表现为一种主观假设，认为所有事情都很重要，值得我们立即关注。这种假设几乎总是错的。因为我们疲于处理一个又一个自己以为的危机，所以倍感紧张和疲惫。

本节开头引用的那句话一针见血。艾森豪威尔明白有能力将真正重要的决定与单纯的紧急决定区分开来才是成功的关键。他甚至还发明了一种系统方法来帮助他实现这一目标。

该系统现在被称为艾森豪威尔矩阵（Eisenhower Matrix），在我们学习这个系统之前，让我们先来定义两个基本术语：

紧急决定——需要你立即关注的决定。紧急决定不一定值得你立即给予关注。它们只是需要这种关注。通常你可以把它们暂时放在一边，有时甚至可以完全不用考虑它们。我们往往因为迫不得已才会处理紧急决定。例如，选择立即回复某位同事没完没了的电子邮件。这些邮件或许很紧急，但未必很重要。

重要决定——契合我们目标和个人价值观的决定。重要决定有助于推进我们试图完成的任何事情。我们在处理重要决定时，通常能够理性地、不慌不忙地做出这些决定。对于重要决定，我们很少会无奈地应对，我们有时间仔细考虑。例如，与锻炼有关的决定，我们可以提前安排锻炼计划，为每天的锻炼安排好时间。

有些紧急决定是真正重要的，有些重要决定是真正紧急的。艾森豪威尔矩阵帮助我们分清所有决定的轻重缓急，从而最终确定我们应该把有限的注意力资源放在哪里。

这个系统利用了一个简单的 2×2 矩阵。四个独立的象限代表四种类型的决定。下面是从左上角的象限开始，按照顺时针方向排列的四种决定类型：

- 既紧急又重要
- 不紧急但重要
- 不紧急也不重要

- 紧急但不重要

这个矩阵促使我们根据重要性和紧迫性来考虑每个决定。这样我们就能将注意力资源投入可能对我们的生活产生最大影响的决定中。同时，它还能让我们发现哪些决定对我们的影响最小，可以暂时搁置或不予考虑。

艾森豪威尔矩阵解放了我们的时间。于是，我们在工作时就能处于冷静和理智的状态，而非紧张和焦虑的状态。这自然会有助于我们更好地分析选项，并最终改善决策，得到更好的结果。

让我们把上述内容付诸实践吧。

练习3

创建一份清单，列出目前所有急需你关注的决定，不论这些决定重要与否。分别列出那些不怎么花时间和精力的决定，以及那些需要更多时间和精力的决定。特别注意那些需要大量资金的决定，以及那些不需要任何资金的决定。

接下来，创建一个艾森豪威尔矩阵。建议在纸上而不是电脑上创建。

第1步：将纸划分成2×2的矩阵。

第2步：将四个象限分别标记为：

- 既紧急又重要
- 不紧急但重要
- 不紧急也不重要
- 紧急但不重要

第3步：将清单上的每个决定填进对应的象限内。

假设你打算开始锻炼，因此需要决定每周的锻炼时间。这并不是一个紧急的决定。但因为它关系到你的长期健康，所以这是一个重要的决定。因此，你需要把它填进右上角的象限里（"不紧急但重要"）。

假设纳税申报马上要到最后期限了，你需要决定何时预约你的会计师。由于最后期限迫在眉睫，这个决定既紧急又重要。所以你应该把它放在左上角的象限里。

假设你收到了朋友的几条短信，他或她想和你聊聊天。短信的数量也许意味着紧迫性，但聊天的内容并不重要，要不要回复短信的决定也不重要，因此可以填进左下角的象限里。

最后，假设你的桌子上堆着一些垃圾邮件。垃圾邮件既不紧急也不重要，使你无限期地忽略它，也不会受到任何影响。因此，阅读或丢弃这些邮件的决定应该放在右下角的象限里。

第4步：除了右下角的象限外，为你放在其他象限内的每个决定分配时间来处理。

第5步：将左上角象限内的决定（"既紧急又重要"）安排在注意力和精力最旺盛的时候。将右上角和左下角象限内的决定（分别为"不紧急但重要"和"紧急但不重要"）安排在注意力和精力不济的时候。

不要为右下角象限（"既不紧急也不重要"）的决定安排时间。你可以忽略这些决定，空闲的时候再处理它们，或者将它们委托给他人完成。

上述内容看起来像是投入了大量的精力在我们通常凭直觉就能完成的事情上。问题是，我们的直觉是不可靠的。这就是我们经常感到焦头烂额、不堪重负的原因。我们经常陷入觉得每个决定都很重要和紧急的陷阱中。艾森豪威尔矩阵使我们能够避开这种陷阱。因此，我们可以将注意力资源投入有助于我们实现最重要的目标的决定中。

练习所需时间： 20分钟

策略4：勇敢地快速做出决定

> "错误决定的风险胜于优柔寡断的恐怖。"
> ——迈蒙尼德（Maimonides）

恐惧导致优柔寡断，使我们丧失行动能力，引发我们对未知事物的自然恐惧，使我们害怕随之而来的风险而不愿做出决定。恐惧引发消极思考，激起认知偏见，比如损失厌恶。

尽管如此，恐惧是一种重要的情绪，它可以保护我们免受负面结果的影响，提醒我们对周围的环境保持警惕，并促使我们为了自身的幸福而积极行动。例如，当我们坐进汽车时，对交通事故的恐惧促使我们系好安全带。如果我们需要夜间独行，对被攻击的恐惧让我们提升对周围环境保持警惕意识，恐惧使我们加快步伐，待在有灯光的地方。

恐惧是一种既有益又有害的情绪。

问题是，我们在做决定时应该如何管理自己的情绪？如何既能发挥恐惧作为一种保护机制的作用，又防止它妨碍理性分析？如何克服对未知事物的焦虑，且又快又好地做出决定？

解决办法是创建一种实用的机制，帮助我们规避恐惧中无益的部分。这种机制可以突出真正的风险，并引导我们理性地评估这些风险。最后，它还能使我们满怀信心地快速做出决定，而不是杞人忧天式地迟疑不决。

这项任务听起来非常艰难，但实际上很简单。

快速决策的6步机制

你会发现这个6步模型不论是在工作上还是在家庭里，或是在任何你需要在面对不确定性时迅速做出有效决定的情况下都是有用的。我们将用先前"投资1万美元"的例子来演示如何运用这个6步模型。

第1步：回顾你的主要目标

我们做决定是为了实现特定的目标。当我们面临一个艰难的选择并难以下定决心时，记住我们做这个选择的原始动因是非常有用的。

假设我们打算留出1万美元作为应急资金，这是我们的目标。如果我们在实现这一目标时遇到困难，我们应该记住应急资金是必要的。应急资金是一种财务保障，在生活发生意外情况时能给予我们保护。牢记拥有应急资金可能对我们未来的偿付能力至关重要这一事实，将打消我们的顾虑。

第2步：发现最有影响的变量

我们经常在决策中犹豫不决，这是因为我们被大量的信息冲昏了头脑。我们会因为瞻前顾后而不敢行动。如果遇到这种情况，我们应该评估对我们影响最大的是哪些信息。

比方说，我们打算在股市上投资1万美元，但我们有点畏首畏尾，因为我们从未投资过股票。我们不熟悉股票的各种类型，不知道如何分析它们，也不知道资本收益税是怎么一回事。我们对交易技术、美元成本平均法以及购买和持有股票的优势一无所知。除此以外，我们还需要考虑不同的投资工具：债券、共同基金、交易所交易型基金（ETF）等。更不用说投资加密货币的设想了，这只会让人更加糊涂。

这些变量中的大多数都没有看起来那么重要，特别是因为我们是投资新手，而且投资金额相对较小，诸如资本收益税、证券分析、交易技术和加密货币等问题，目前来说对我们都不重要。我们应该把重点放在下面这些最重要的因素上：

- 我们应该购买股票还是共同基金？
- 哪些股票和共同基金显示出长期前景？（网上有很多定期推荐这类股票和基金的资源。）
- 我们打算把钱投在股市里多长时间？我们的投资是为

了支付7年后孩子的大学学费吗？还是作为退休基金的一部分，30年后再提取？

通过忽略最相关的因素之外的其他因素，我们可以避免不知所措的状况发生。这有助于我们自信地快速做出决策，而不是饱受不重要信息的困扰。

第3步：设定最后期限

我们常常在做决定时迟疑，这是因为我们给了自己迟疑的空间，设定一个最后期限就会限定我们选择时反复犹豫的时间。最后期限制造了一种轻微的紧迫感，促使我们更快地收集和研究信息。

这是有好处的，因为我们做决定的时间越长，就越不自信。我们会开始质疑自己对选项的判断，以及从中做出明智选择的能力。

假设我们正在为投资1万美元的事犹豫不决。我们的犹豫源于我们对投资的不熟悉。因此，我们应该设定一个期限。例如，在两个星期内完成1万美元的投资。这个最后期限为决策增加了有效的压力，它激励我们迅速搜寻和评估最相关的信息，并最终果断地采取行动。

第4步：评估合理风险

每个决定都伴随着风险。但并非我们所有感知到的风险都是真实的，我们的大脑经常会胡思乱想，并假想出由于我们的判断错误所造成的情况，而这种情况未必会发生，这造成了我们的迟疑。因此，每当我们面对一个艰难的决定，发现自己举棋不定时，我们应该立即辨别真实的风险和想象的风险。

例如，我们因为害怕血本无归，而迟迟不敢在股市中投资1万美元，但这并不是一个真实的风险。亏损全部资金的可能性是十分渺茫的。因为全部亏损是很难发生的，它不应该引起我们的关注。

一个合理的风险是，如果股票市场出现下跌，我们的投资可能会遭受部分的损失。在决定如何投资我们的1万美元时，我们当然应该考虑到这种风险。但是，即使是这种真实存在的风险也是有限度的，股市不会永远下跌。因此，随着时间的推移我们有望弥补亏损。

总而言之，我们应该首先确定与我们的选择相关的真正风险。然后，再评估不利结果产生（和持续）的可能性。通常情况下，合理风险造成的后果没有我们想象的那么严重，而且也易于降低。

第5步：对个人价值观进行压力测试

当我们的选择体现了自己的核心价值观时，我们就会充满信心。我们相信自己所做的事情是正确的。当我们的选择与自己的价值观背道而驰时，我们会感到困扰和不安，如同我们即将铸成大错一般。不难理解，后一种感觉使我们不愿意采取行动，它是一种自然的保护措施，防止我们做出日后追悔的决定。

如果我们发现自己在做决定时拖拖拉拉，迟疑便会因此而起。所以，我们应该预先确定我们的选择与价值观之间是和谐统一的还是互相背离的。

例如，我们在投资时举棋不定，这是因为许多公司给员工的待遇很差，生产有害的产品或其工厂破坏了环境。投资这样的公司有悖于我们的良知。如果是这样的话，投资社会责任感强的公司会让我们更安心，因此犹豫不决的可能性会较小。

第6步：接受不确定性是必然存在的

我们很少对一个决定的结果有百分之百的把握，这种情况即使有也十分罕见。我们的选择总是有可能导致意料之外的情况。我们可以通过收集和评估相关信息来努力减少这种风险，但我们无法彻底消除这种风险。既然如此，我们就应该接受不确定性将始终伴随着我们的决定。

例如，如果我们在股市投资了1万美元，我们不能保证这笔投资一定会按照20世纪市场的增长速度增长。市场可能遭受严重的下跌,或者紧接着是一个长期的"牛市",让我们的投资增长速度远远超过我们的预期。

我们无法控制可能会影响我们选择结果的每一个因素。如果我们能接受这一事实,就能防止自己因为不确定性而无所作为。

让我们把上述内容付诸实践吧。

练习4

在这个练习中,假设你正打算购买一辆新车。这是一个重大的决定。自然地,你希望自己能明智地选择。同时,你不想无谓地拖延这个过程。

让我们使用上面介绍的方法合理地加快决策的进程。

第一,牢记自己的主要目标。假设你想购买一辆可靠、经济、时尚又省油的汽车。但你首要考虑的是车辆的可靠性,这是你的主要目标。

第二,考虑对你的决定影响最大的因素。这些因素可能包括价格、可用性,以及某一特定车型是否适合你的生活方式(例如,如果你有小孩,跑车可能就不适合你)。

第三,设定一个期限。因为这是一个重大的决定,你可能会再三犹豫。为了防止这种情况出现，在你的日历上选一个日期，并下定决心在该日期之前选好要买的车。

第四，识别真正的风险。你的保险费用是否会超出预期？新车是否会出现意料之外的机械故障？新车会不会太小，坐不下一家人，或者太大，停不进你的车库？如果你预先考虑到了这些合理的风险，就可以采取措施，将它们对你产生负面影响的可能性降到最低。

第五，用个人价值观来检验自己的选择。也许你觉得某个汽车制造商对其员工的待遇过于恶劣。或者，你认为大型车辆对环境有害。注意这些与你的核心价值观相冲突的因素。

第六，接受决定的结果可能不符合自己的预期。记住，你不能控制每一个因素。例如，尽管某个汽车制造商因为制造可靠车辆而久负盛名，但你还是有可能最终买到一台"问题车"。你应该认识到这样的结果完全不受你的控制，因此不应该为此而犹豫不决。

练习所需时间： 20分钟

策略5：缩小你的选择范围

> "选择是命运的铰链。"
> ——埃德温·马卡姆（Edwin Markham）

我们往往认为拥有选择是一种优势。选择越多越好。这种想法在一定程度上是正确的。但面对的选项过多也有可能会妨碍我们的决策。貌似无限的选择容易使我们产生决策疲劳，并最终导致无法决断。

你一定对此有过亲身体验。回想一下你上次去便利店购买不熟悉的商品（如沙拉酱）时的情景。众多的选择是否让你感到不知所措？回想一下你上次挑选一本可读的小说时的情景。你是否难以从数以百万计的书中做出选择？购买家具时，数不胜数的选项是否让你震惊，无法选择？

选择是一种自由。但选择过多会使我们筋疲力尽，无所适从，还会使我们丧失信心，甚至使我们在想要做出最佳选择时感到无能为力。

幸运的是，有一个简单的方法可以避免这个问题：减少我们考虑的选项数量。我们考虑的选项越少，就越容易从中选择。这一策略将加速我们的决策。你会发现，我们不必牺牲选择的质量也能实现这一目标。此外，这种策略还能令我们在选择时更加头脑清醒，心境平和。

为了减少你面对的选项数量，以下是你可以轻松做到的三件事。

拒绝过于复杂的选项

一个选项越复杂，我们就越应该怀疑它的优点。虽然好的选择偶尔也会很复杂，但大多数好的选择都很简单。最简单的选择通常值得我们关注，它们给我们带来的压力较小，有利于我们更快地做出选择，而且往往会带来最好的结果。

我们再来看看"投资1万美元"的例子。在考虑可能的投资工具时，我们有以下这些选项：

- 共同基金
- 股票
- 债券
- 衍生品
- 期权合同
- 商品期货
- 加密货币（如比特币）

上述的选项有的简单，有的复杂。而有几个选项是看似简单实际复杂。例如，投资债券似乎很简单，我们却不得不考虑五花八门的债券类型（政府债券、公司债券、高收益债券、市政债券等）。选择的数量会让人感到晕头转向。

但假设我们把债券、衍生品、期权、期货和加密货币从名单中剔除。现在，我们只需要在股票或共同基金之间做出投资选择，这个决定就简单得多了，它不会令人望而生畏。因此，我们可以更快、更自信地做出决定。此外，如果我们做好功课，选择了有升值潜力的股票或共同基金，就能获得令人满意的结果。

排除复杂的选项不光没有任何代价。相反，我们还能节约时间，轻松做出决定，并保持平和的心态。

根据选项影响目标的程度进行排序

正如我们在"策略4：勇敢地快速做出决定"中谈到过的，我们的决策是为了实现特定的目标，所面对的不同选项会产生不同程度的影响。有些选项会对我们的目标产生重大影响，有些选项的影响则微乎其微。我们可以根据影响的大小和性质对这些选项进行排序，并排除排名靠后的选项，从而大大缩小我们需要考虑的范围。

高效决策
做出明智决定的14个策略

例如，假设我们打算投资1万美元，为将来的退休生活做准备。因此，我们主要关心的是收益或资本增值的问题。现在，让我们考虑以下投资工具（根据上述原则排名）：

- 共同基金
- 股票
- 债券
- 衍生品
- 期权合同
- 商品期货
- 加密货币
- 外汇市场
- 年金
- 定期存款
- 货币理财账户
- 储蓄账户

从我们的目标角度出发，上述一些选项并不能提供我们所需要的收益水平。比如储蓄账户、货币理财账户、定期存款和年金。这些选项对我们的目标影响很小，因此我们可以排除它们。

有几个选项会极大地影响我们的目标，但由于其具有波动性，可能会影响我们目标的实现，比如外汇市场、加密货币、期货、期权和衍生品。这些选项也可以不考虑。

我们只需要在剩下的共同基金、股票和债券中做出选择就可以了。罗列和剔除对我们的主要目标（资本增值）构成最小影响或不利影响的选项，我们的决定就会变得更加简单和容易。

考虑限制性选项

我们拥有的选项数量通常会受到某些制约，例如，我们的预算、时间和核心价值观。它们可能与个人的"原则问题"有关，这些原则性问题会刺激我们的情感，或与我们的首选项发生冲突。我们可以通过衡量每个选项在这些约束条件下的表现来限制我们的选项数量。

假设我们决定将1万美元投资于共同基金。市面上有数以千计的共同基金可供选择，而我们没有办法充分地研究每一种基金。因此，我们可以调整一下自己的选择。

第一，许多共同基金要求初始投资必须在1万美元以上，那这类基金就可以不考虑了。

第二，许多基金是保守型的，主要投资于低收益的债券和现金等价物。如果我们想要的是资本增值，这些基金也可以不予考虑。

第三，许多基金提供高潜在回报，但需要承担巨大风险。如果我们想要规避风险，就不应该选择这类基金。

第四，有些基金接受小笔的初始投资，为了实现资本增值而承担的风险也比较合理，但要收取比例高得离谱的费用。我们理所当然地应该淘汰它们。

附加限制使得我们有理由认真考虑我们的选项。关键是，这种策略可以大大地缩小我们的选择范围，简化我们的决策过程。

现在，让我们把上述内容付诸实践吧。

练习5

在这个练习中，假设你正在考虑换工作。鉴于这个决定可能会影响到你的收入、幸福和家庭，因此你必须谨慎行事，仔细研究所有可能的选项。换句话说，你因为选项太多而无法将每一个都研究透彻。因此，我们需要删减选项清单。

第一，重点关注那些看起来过于复杂的职业选择。这些职业之所以复杂可能是因为它们需要额外的学校教育、培训或职业认证，你可能要忍受漫长的学徒生涯，或者你可能需要发展能够帮助你锁定理想职位的人脉。如果你没有时间和意愿来清除这些障碍,请将这些职业从你的清单中删除。

第二,按照对你的目标的影响程度和性质,对清单上剩余的职业选择进行排序。假设你的目标包含两部分内容:高薪和工作满足感。你最终的职业选择必须同时满足这两个标准。有些工作可能带来心理上的满足感,但工资却很低(例如,犬只护理员、吉他老师或摄影师);有些工作可能工资很高,但压力很大(例如,信息技术主管或辩护律师)。请将这些选择也从你的清单中删除。

第三,考虑你个人的限制因素。这些限制是你想要避免的工作属性,它们涵盖的范围可以从工作时间长、压力大到工资低和经常出差。许多职业在这方面的情况都很糟糕。例如,律师的工作时间往往很长,消防员通常要面对极大的压力,厨师往往工资很低,销售人员要经常出差去拜访现有客户和潜在客户。根据你的限制条件,不理想的职业选择都应当从清单中移除。

选择范围缩得越小,你就越容易专注于最有可能帮助你实现目标的选择。

练习所需时间: 30分钟

策略6：进行"可行或不可行"评估

> "犹豫不决所造成的损失比错误的决定更多。犹豫不决是机会的窃贼。"
> ——马库斯·图利乌斯·西塞罗（Marcus Tullius Cicero）

许多人在做决定时都有"跟着感觉走"的倾向。我们凭直觉知道这样做是不明智的。然而，这种冲动往往难以抗拒。

这是有原因的：这种冲动被硬编码在我们的头脑中。我们的祖先依靠他们的直觉才能生存，当信息有限时，直觉帮助他们快速做出决定。然而，如今我们可以轻松快捷地获得更多对我们有用的信息，不再需要依赖我们的直觉。

"可行或不可行"评估几乎消除了对直觉的依赖。商业分析师通常用这种模型来决定公司是否应该继续推进选定的项目，对他们来说，这种评估包含了可行性研究，缜密的财务分析，以及与特定领域专家的合作。

我们根本用不着这么劳神费力。只需要一些巧妙的调整，我们就可以创建一个对我们的日常决策来说既简单又有效的"可行或不可行"评估模型。这个模型与商业分析师使用的模型功能一样，但去掉了不必要的复杂性。

我们把这个模型总结为4个简单的步骤。

"可行或不可行"评估的4个步骤

我们的许多决策都与我们是否应该利用仔细考虑过的机会有关。例如，我们是否应该为我们刚刚起步的业务接纳一个有潜力的新客户？我们是否应该搬到一个新的城市？我们是否应该攻读一个高级学位，收养一个孩子，或者去度一个千载难逢的假期？

对于诸如此类的决定，我们的主要障碍是资源。我们是否拥有时间、精力和财力来把握住一个特定的机会？以下4个步骤的可行性评估模型将防止我们因过于乐观而做出错误的决定。

第1步：收集相关信息

按照惯例，我们必须掌握相关信息，才能做出合理、有效的决定。为此，我们应该问自己以下几个问题：

- 我需要哪些信息？
- 我在哪里可以找到有用的信息来源？
- 我如何获得这些信息？

接下来，我们花时间收集这些信息，可以依靠网络资源、他人（或单位的其他部门），甚至可以参考我们曾经做出的类似决定的结果。

假设我们正在打算如何投资1万美元。如果考虑投资股票，我们可能需要查看分析师的报告；如果考虑投资共同基金，我们可以使用晨星公司（Morningstar）的分析报告来选择最能满足我们目标的基金。我们还可以咨询财务顾问，或者向有丰富投资经验的家族成员请教。

第2步：确定并检查影响决定的因素

尽可能多地联想会影响我们决定的因素。这些因素都是一些变量，它们会让我们正在考虑的机会看起来要么更动人心要么更不可行。

例如，以下几个决定性因素会影响我们1万美元的投资选择：

- 我们的风险承受能力
- 相互冲突的资金需求（应急资金、房屋维修等）
- 相互冲突的机会（家庭度假、购买新车等）
- 我们的投资期限（我们多久需要动用这笔钱？）

以上因素将使得一些选项相较于其他选项更有吸引力或更具可行性。事实上，它们会帮助我们自信地从清单中删除一些选项，因为这些选项不能满足我们的标准和限制。（这一步是对"策略5：缩小你的选择范围"的一个有益的补充）。

第3步：评估与每个选项相关的风险和潜在收益

在我们做出任何选择之前，必须评估这个选择会让我们失去什么和得到什么。我们必须权衡相关的利益和危险。第3步要求我们仔细探讨这个问题。

按照与每个选项的相关性，给每项风险和每项收益分配一个从1到5的值。分配的数值越高，该选项的假定风险或收益就越大。完成这一步骤之后，我们将统计各个选项的相应分数。分数将凸显出应该从清单中删除的选项。

例如，假设我们考虑将1万美元投资于以下4种投资工具之一：

1. 指数基金

2. 成长型股票

3. 债券

4. 加密货币（如比特币）

假设我们有较高的风险承受能力，投资时间跨度较短，对于这笔钱也没有更重要的竞争性需求或机会。那么，以下是我们对这4个选项各自的风险和收益情况的评分。

指数基金

- 风险：3
- 收益：4

增长型股票

- 风险：3
- 收益：4

市政债券

- 风险：1
- 收益：2

加密货币

- 风险：5
- 收益：5

现在我们来计算上述每个选项的"净收益"分数。我们用收益分数减去风险分数就得到了选项的"净收益"分数，如下所示：

- 指数基金：3-2=1净收益值
- 增长型股票：4-3=1净收益值
- 市政债券：2-1=1净收益值
- 加密货币：5-5=0净收益值

这个净收益分数使我们能够快速比较各种选项，并排除那些对我们不具有吸引力的选项。在上面的例子中，我们可以有把握地将加密货币从我们的选项清单中删除。

请注意，我们对每种风险和收益的赋值应该与我们在第2步中确定的因素相对应。例如，我们较高的风险承受力和较短的投资期限可能使市政债券不如指数基金有吸引力。根据我们的需求（如资本增值），仅凭这一点就足以将市政债券从我们的选项清单中删除。

第4步：指定每个因素为"可行"或"不可行"

将我们在第2步中确定的每一个因素设计成可以用"是"或"否"回答的问题。这将使我们能够立刻决定是否应该继续或放弃正在考虑的选项。

如果一个因素符合要求（即我们对其相应的问题回答"是"），我们指定其为"可行"，我们就能继续考虑其他因素。另外，如果这个因素没有达到要求，我们就指定其为"不可行"，于是我们就放弃这个选项。

例如，假设我们打算将1万美元投资于"小盘股"共同基金。这种基金主要投资于小型公司。小型公司比大型公司有更大的增长潜力，但风险也更大。让我们用第2步中列出的因素做一个快速的"可行或不可行"分析。在第3步的例子中，假设我们有较高的风险承受度，投资时间跨度较短，并且没有更优先的竞争性需求或机会来动用这1万美元。

问题1：我们的风险承受能力是否能适应小盘股共同基金经常经历的投资组合价值的大幅波动？——是。这个因素评估为"可行"。我们可以继续下一个问题。

问题2：和其他资金需求相比，我们是否可以优先考虑投资？——是。（我们假设并不存在其他资金需求）。这个因素评估为"可行"。我们可以继续下一个问题。

问题3：和其他可能用到这些钱的机会相比，我们是否能优先考虑投资？——是。（我们假设并不存在这样的机会）。这个因素评估为"可行"。我们可以继续下一个问题。

问题4：知道我们必须在12个月内赎回资金，我们是否还能自信地投资于小盘股基金？——否。因为我们的投资时间短，所以不能进行高风险的投资。虽然我们有很高的风险承受能力，但由于我们需要在一年后赎回资金，风险承受能力就变得不那么重要了。因此，这个因素评估为"不可行"，我们应该立即放弃小盘股基金这个投资选择。

对选项清单上剩下的每个选项（指数基金、成长型股票、市政债券等），我们都将重复这一步骤。

让我们把上述内容付诸实践吧。

练习6

想一个你目前正在考虑的决定。也许你正在考虑买房子，也许你正在考虑换工作，又或是你面对的是一个不那么重要的决定，你做出的选择不会造成可怕的影响。

假设你正在考虑戒糖。完成"可行或不可行"评估的第一步是确定对你的决定有用的信息。然后，我们需要弄清楚如何获取这些信息。

在这个例子中，你需要知道关于戒糖会如何影响你的情绪、注意力和能量水平的信息，需要知道戒糖对你的体质和健康的长期影响。这些信息的来源包括医生、营养师和健身教练。你也可以在网上免费找到很多信息。当然，你还可以购买这方面的书籍作为参考。

接下来，列出影响你要不要戒糖以及如何戒糖的决定因素。如以下几个因素：

- 你抵制欲望的能力和意愿
- 你对缺糖的忍耐力
- 你对可能出现的短期副作用的忍受能力
- 你对放弃自己喜欢的食物的意愿
- 你对他人的评价的忍受能力

接下来，我们将研究与你的选择相关的风险和收益，并为它们赋值。这些从1到5不等的赋值显示了你的优先事项以及它们对你的影响程度。

在这个例子中，你的选项仅限于以下三种：

- 彻底放弃糖
- 减少你的糖食用量
- 保持现状

我们将通过第一个选项来演示这一步骤。我希望你能对其余两个选项也进行同样的操作。注意：我下面给每项风险和收益分配的数值只是为了举例。你可以根据自己的偏好和情况分配不同的数值。

彻底放弃糖的风险：

- 心情恶化（3）
- 睡眠模式的改变（4）
- 头昏眼花（2）
- 疲劳（1）
- 焦虑（3）

总分：13

上面分配的数值表明，我们最担心睡眠模式发生变化，而疲劳对我们来说几乎不成问题。

接下来，戒糖可能带来的收益：

- 降低体重（4）
- 降低特定疾病的风险（2）
- 提升专注力（3）
- 改善口腔健康（2）
- 改善皮肤（2）
- 改善睡眠（4）

总分：17

我们来计算一下该选项的净收益值（17-13=4）。请对剩下的两个选项重复这一过程。一旦你计算出每个选项的净收益值，就可以对其进行比较，以做出最佳选择。

最后一步是确定每个选项是否可行。我们将评估我们在第2步中确定的每一个因素，并将其设计为可以用"是"或"否"回答的问题。答案为"是"的因素表明该方案是可行的。如果任何因素的答案为"否"，我们就应该当即停止对其进行评估，并从清单中排除相应的选项。

以下是"戒糖"的例子中的因素，我将其重新设计为问题。我对问题4做了一个预设，以演示当答案为"否"时的情况：

问题1：我是否能够抵制对含糖食物的渴望？——是。这个因素评估为"可行"。我们可以继续下一个问题。

问题2：我是否能够忍受无糖的生活？——是。这个因素评估为"可行"。我们可以继续下一个问题。

问题3：我是否能够忍受可能出现的短期副作用？——是。这个因素评估为"可行"。我们可以继续下一个问题。

问题4：我是否愿意放弃自己最喜欢的食物？——否。

我们可以就此停止评估。我们不需要回答问题5（我们是否能承受别人对我们戒糖决定的反应）。因为我们不愿意放弃我们最喜欢的食物，所以这个选项（完全戒糖）是不可行的。我们有理由把它从我们的清单中删除，并开始评估下一个选项（减少糖的食用量）。

问题5：不适用

练习所需时间： 30分钟

不可否认，"可行或不可行"评估是一个复杂的决策模型。但它非常有用，尤其是当我们面临着具有巨大风险和丰厚潜在回报的决策时，更是如此。

策略7：制定一份加权的利弊清单（正确的做法和需要避免的3个误区）

> "我们所做的任何决定，都会伴随着某种取舍或牺牲。"
>
> ——西蒙·斯涅克（Simon Sinek）

你以前一定也曾制定过利弊清单。即便你没有正式地在纸上列出每一项的利与弊，你至少也在脑海里这样做过。制定这样的清单看似简单，但要使利弊清单真正做到有意义、有用、可操作，我们必须采取更有条理的方法。再凭借一点创意，我们就能创建出一份几乎可以告诉我们最佳行动方案的清单。

为什么利弊清单是决策的重要辅助工具

利弊清单在我们面临二选一的选项时特别有用：对于任何特定的决定，要么执行要么放弃。没有其他可行的选择。

在这种情况下，利弊清单为我们提供了一个全局视野。合理制定的清单可以提高我们对相关问题的理解，并为我们提供一种简单、快速的方法来对两种选项进行对照评估。

此外，制定有效的利弊清单需要十分的缜密周全，这有利于人们对手头问题保持情感距离。这个过程的严谨性有助于保持清醒的头脑，并有利于决策，因为强烈的情绪波动可能导致我们做出不谨慎的决定，带来糟糕的结果。

如何制定有效的利弊清单

该过程包含5个简单的步骤，你应该熟悉其中的大部分，可能唯独会对最后两个感到陌生。最后两个步骤是整个过程的关键部分，可以将你的利弊清单从一个帮助不大的工具转变为一个能真正凸显最佳选择的工具。

第1步：拟定清单格式

建议使用大小约为21厘米×28厘米的白纸，特别是如果你和我一样是一个触觉型和视觉型的人。实体的利弊清单会使你保持专注，不容易被干扰。不过，如果你是远程办公，需要远程使用你的清单，或者就是单纯偏爱使用数码产品，那使用电子清单也无妨。

在纸上画出4列。第1列和第3列比第2列和第4列宽。第1列和第3列分别标记为"优点"和"缺点"，第2列和第4列标记为"分数"。

第2步：头脑风暴，找出所有与决定相关的优点

有许多优点或许不太明显。因此，尽管你可能急于完成这一步骤，但多花点时间慢慢来是值得的。

问自己一些有针对性的问题，这些问题可以帮助揭示那些可能被忽略的优点。以下是几个示例问题：

- 如果我采取这一做法，能得到什么？
- 这一做法对我希望实现的目标有什么贡献？
- 这一做法对我的情况有何积极的影响？
- 这一做法有什么相关的副作用？
- 这一做法可能带来什么机遇？
- 如果我采取这一做法，可能的结果是什么？

要穷尽所有优点，不要因为优点或利益太小而不将其列入清单。

第3步：头脑风暴，找出所有与决定相关的缺点

遵循与第2步相同的模式。和优点一样，一些缺点也可能不易被发现。因此，在填写利弊清单的这部分时，不要急于求成。

和上个步骤一样，提出尖锐的问题能帮助我们揭示可能被忽视的缺点。以下是几个示例：

- 如果我采取这一做法，会有什么风险？

- 我必须牺牲什么（即机会成本是什么）？
- 这一做法在哪些方面与我的目标相悖？
- 如果我采取这一做法，可能会受到什么负面的影响？
- 这一做法是否有悖于我的立场？
- 这一做法是否会妨碍我实现退而求其次的目标？

与第2步类似，不要因为缺点太小，而不将其列入清单。你在第2步和第3步中做得越彻底，整体情况就越完整。这将提升你做出正确选择的能力。

第4步：给每个优点和缺点打分

不是所有的优点和缺点对你来说都同等重要。因此，我们必须为每一个优点和缺点指定一个加权分数。这个分数应该体现每个优点和缺点的影响，以及它们对决定的影响程度。

建议使用从1分到5分的评分系统。1分意味着影响最小，而5分则意味着影响最大。

我们照样还是以"投资1万美元"的例子来展示评分的工作原理。下面这份我们创建的利弊清单并不详尽，但足以说明问题。

投资1万美元的优点（以及它们各自的得分）：

- 你可以存钱以备未来之需（5）

- 你可以让资金领先于通货膨胀（2）
- 你的投资组合能随着经济增长而增值（3）
- 你可以体验到可自由支配资金的安全感（2）
- 你可以享受到雇主配套存入资金的福利（4）

投资1万美元的缺点（以及它们各自在1和5之间的得分）：

- 你的投资会有风险（4）
- 你不能把这笔钱用于其他用途（2）
- 你的投资可能会使你的纳税情况复杂化（2）
- 你要支付管理费、销售费和各种其他费用（3）
- 你的资金流动性会不如活期账户（3）

我们为每一个优点和缺点进行了评分之后，就可以完成最后一个也是最有启发性的步骤。

第5步：统计分数

假设我们在第4步中对每一个优点和缺点进行了合理的评分，最终的分数将揭示投资是否是一个明智的决定。以下是上面我们创建的清单中优点和缺点各自的总分。

投资1万美元的优点：16分

投资1万美元的缺点：14分

两项最终得分的对比表明了利大于弊。因此，执行投资1万美元的决定是一个好的选择。

这个模型使我们能够不带感情色彩地评估决策，并做出客观的选择。通过量化每个优点和缺点的相应影响，我们可以依靠模型做出最佳选择。

尽管如此，值得注意的是，这个模型结果的合理性取决于我们的评分。如果我们想让最后的统计结果具有可操作性，必须准确地对每项优点和缺点进行评分。

制定利弊清单时应避免的3个误区

制定利弊清单看似简单实则不然。如前所述，我们大多数人都在生活中的某个时刻制定过这些清单，所以我们对这个过程很熟悉。问题是，方法不当可能会导致我们犯错，破坏这一策略的实用性。

下面3个错误就属于这种情况，它们可能看起来无伤大雅，但每一个都会造成错误的统计，导致统计结果最终无法使用。

复合的优点和缺点

因为我们想要对每个优点和缺点单独打分，所以我们必须把每一项优缺点单独列出来。如果我们无意间把它们混在了一起，就有可能使得分配的数值不能准确地代表每一项优缺点对我们的影响。

第二部分
做出更好决定的14种策略

假设我们在决定是否投资1万美元时，错误地将以下的优点（来自上文）合并在了一起：

- 你可以存钱以备未来之需（5）
- 你可以体验到可自由支配资金的安全感（2）

这两项优点各自的分数加起来共有7分。如果我们把它们合在了一起（例如"你可以存钱，而且会感到心里踏实"），我们可能会错误地给这项优点一个5分。这将有损最终统计结果的准确性。

重复的优点和缺点

这是一个常见的错误（我自己也犯过）。当我们尽可能详尽地列出与某一决定相关的收益和风险时（第2步和第3步），可能会无意间用不同的表达重复了一项或几项收益和风险。这个错误会导致重复的优缺点在评分过程中获得不正确的权重（第4步）。

例如，我们可能无意中重复了与投资1万美元相关的一个缺点，如下所示：

- 你的投资会有风险
- 你的投资得不到保证

这两个缺点本质上是同一件事，它们只是表述方式不同。如果我们对每一种表述单独打分，就会给这个特定的缺点加以过多的权重，从而削弱了统计结果的有效性。

包含多个行动的决策

当我们决定是否采取某个行动时，这种策略非常有用。但当我们将多个行动结合到一起时，这种策略就不怎么管用了。多个行动会让优点和缺点的界限变得模糊不清，难以辨别。

下面是一个正确地制定决策的例子：

我应该投资1万美元吗？

这个问题突出了单一的行动。我们只需要决定执行还是放弃。下面是一个错误地制定决策的例子：

我应该将1万美元用于投资，还是打造家庭影院？

由于有两个选项摆在我们面前，我们创建精确、清晰的利弊清单的能力被大打折扣。这也将影响我们的评分，并损害统计结果的准确性和可靠性。

同样，经过加权的利弊清单只有在赋值正确的情况下才能得到正确的结果。制定经过加权的利弊清单也许会具有很高的实用价值和可操作性，但前提是我们必须非常谨慎地创建它。

让我们把上述内容付诸实践吧。

练习7

假设你打算购买一台新的笔记本电脑。因为你现在的电脑还能用,所以新电脑不是非买不可(如果必须要买新电脑,你就不需要一份利弊清单了)。

第一,拿一张白纸,按照上面第一步的指引,创建四个竖列。第一列和第三列比第二列和第四列宽。然后,从左到右依次标记为:优点、分数、缺点、分数。

第二,尽可能多地列出购买新笔记本电脑的每一个优点。下面几条对你来说可能很重要(这远不是一个详尽的清单):

- 你不需要担心自己的笔记本电脑出现故障
- 你能用上最新的软件和应用程序
- 新电脑比你手里这台更便于携带
- 你会拥有更多的存储容量
- 你能享受到更好的画质

第三,尽可能多地找出每一个可能的缺点:

- 你需要花上一大笔钱
- 你必须从旧电脑中转移大量的文件
- 新电脑用起来不如旧电脑那么熟悉
- 你可能会错过即将推出的更好的型号

高效决策
做出明智决定的14个策略

- 你可能会被迫升级特定的软件

接下来，给每个优点和缺点赋予1到5分的分数。分数越高意味着越重要。下面，为了示范，我根据各个优点和缺点对我自己的重要性进行了评分。

优点：

- 你不需要担心自己的笔记本电脑出现故障（5）
- 你能用上最新的软件和应用程序（3）
- 新电脑比你手里的这台更便于携带（3）
- 你会拥有更多的存储容量（2）
- 你能享受到更好的画质（2）

缺点：

- 你需要花上一大笔钱（4）
- 你必须从旧电脑中转移大量的文件（4）
- 新电脑用起来不如旧电脑那么熟悉（3）
- 你可能会错过即将推出的更好的型号（3）
- 你可能会被迫升级特定的软件（3）

最后，将各项得分加总。我的统计结果如下：

购买新笔记本电脑的优点：15分

购买新笔记本电脑的缺点：17分

通过比较最后的统计数字，我们一眼便能看出购买新笔记本电脑的弊大于利（至少对我来说是这样）。因此，我决定不买新笔记本电脑。

请注意，我们把这个决策限定为在采取确定行动与放弃行动两者之间选择（即要么买，要么不买）。如果我们用多个行动来制定这个决策（例如，购买新的笔记本电脑或购买二手笔记本电脑），我们就会让整个过程陷入混乱。这样会严重影响到统计结果的准确性和实用性。

练习所需时间： 30分钟

策略8：制定决策检查清单

> "人生就是关于选择，你的每一个选择都在塑造你。"
> ——约翰·C. 麦斯威尔（John C. Maxwell）

我们有时难以做出重大决定，这是因为我们对选择的结果或影响选择的因素感情用事。这会导致我们判断失误，并忽略重要的变量。

决策检查清单是一种帮助我们在做决定时进行自我管理的工具，它使我们的情绪得到控制。通过提出具体问题，我们能更容易地抑制自己的偏见，防止或至少最大限度地减少错误，最终得到符合自身情况的最佳结果。

下面，我们将探讨决策检查清单如何帮助我们在相互冲突的选项中做出选择，并学习几种能帮助我们优化结果的最佳做法。

决策检查清单入门知识

想要做出有效的决策会面临诸多阻碍。每一天，各种需求都会分散我们的注意力。随着时间的推移，我们的能量水平逐渐衰减。我们不得不消除各种隐患，防止它们沦落到不可收拾的地步。我们又忙，又累，又饿，有时心情还不好。除此以外我们还要应付认知偏见，这些偏见削弱了我们运用理性进行逻辑思考的能力。

难怪我们经常做出让自己沮丧的决定。从早到晚的忙碌使得我们的决策过程变得混乱不堪。

决策检查清单聚焦于与决策相关的关键因素。我们设计的问题能指示我们哪些是关注点，它们帮助我们把注意力集中在优先事项上，消除我们的认知偏见。这些问题还有助于确保我们在整个决策过程中，以及不同的决策中，都采用相同的规则、基准和惯例。它们有助于决策的一致性，从而提高决策结果的可预测性。

和加权的利弊清单（策略7）一样，决策检查清单的效果好坏取决于我们的制定过程（我们设计的问题）。因此，我们能否提出正确的问题是一切的关键。

并不存在"正确问题"清单的说法。每种情况都是独一无二的。我们准备的问题自然应该针对决定中所涉及的最重要的变量。

如果是与业务有关的决策，我们可能会针对资源的可用性提出一些问题，如果是与家人或朋友有关的决策，我们可能需要考虑人际关系问题。

创建有效的决策检查清单需要练习。你练习得越多，就越善于提出问题以改善你的决策，并带来更好的结果。幸运的是，你可以用几个简单的技巧来快速提升学习能力。

制定有效决策检查清单的5种最佳做法

这5种最佳做法将有助于帮助你提出富有建设性和成效性的问题。没有人能够保证你的决策检查清单一定会带来最佳的选择和成功的结果。决策检查清单也不能替你做决定，但它们能明确你的优先事项，将你的注意力集中在关键因素上，并在此过程中突显出一些你可能会忽略的因素。

首先列出最优先考虑的因素

使用"自上而下"的方法有助于你尽可能详尽地提出问题。从你最优先考虑的问题开始，逐步补充不需要优先考虑的问题。开始的时候，首先要问自己的问题是"要做出这个决定，我必须要考虑哪5个最重要的事项？"

如果我们要决定如何投资1万美元，清单可能会是下面这样：

1. 投资目标（如资金安全、资本增值等）。

2. 年龄（年龄越大，你能承受的风险就越小）。

3. 这笔钱的其他用途（如信用卡债务、应急资金等）。

4. 风险承受能力（你愿意忍受多大的收益变化？）。

5. 多样化（什么投资工具或资产类别的组合适合你的情况？）。

现在，我们可以利用这5个高度优先的事项来创建我们的决策检查清单。在我们提出问题时，它们将作为一个指南，把对我们很重要的考虑因素摆上桌面。

提出可以用"是"或"否"回答的问题

这种做法使我们对选项的分析变得简单明了。通过引导我们用二元的视角来看待各个变量，这一方法简化了我们的决策流程。每个问题只有两个可能的答案："是"或"否"。而每个答案都能让我们进一步了解我们的选择是否合适。

以下是我们决定如何投资1万美元时，我们可能会问的几个"是或否"的问题：

- 我是否能承受短期的投资负收益？

- 我是否愿意把这笔钱投资10年以上？

- 基金经理是否有至少10年的从业经验（如果我们考虑投资共同基金的话）？

- 如果有必要,我是否能迅速变现我的投资?

这份清单还可以增加条目。不过这对我们是有利的,我们的"是或否"问题清单越长,就越容易做出最终决定。等你学习完第三个最佳做法,就自然会明白其中的原因。

标出那些答案为"是"的问题

回想一下我们之前讨论的"可行或不可行"评估(策略6),那是一个渐进式的决策模型。我们将所有与决策相关的因素设计为"是或否"的问题,然后逐一进行评估。根据每个连续步骤的答案是肯定还是否定,我们会做出是继续还是放弃的决定。

现在我们要做的事和上面的模型非常相似。我们从"是或否"的问题清单中,依次标出那些答案为"是"的问题,之后我们再进行下一步。如果你把问题写在纸上,只需用红笔把它们画出来即可。如果创建的是数字清单,就重新排序,把这些"底线"的问题排在清单前面。

以下是一些关于如何投资1万美元的决定中可能会涉及的"底线"的问题:

- 我是否能承受损失部分的投资资金?
- 投资是否是这1万美元在当下的最佳用途?
- 我是否愿意至少在12个月内不去动用这笔投资资金?

以上的问题可以根据我们自身的偏好、关注度和情况而有所不同。但是请注意，每一个问题的答案都必须是肯定的。根据我们的回答，这些问题将最终决定我们是否应该投资1万美元。

检查自己决策时的情绪

这一步可能看起来与制定决策检查清单无关，但它是一个不可或缺的组成部分。

我们没有办法做到不带情绪，也不应该试图回避自己的情绪。正如我们在"为什么我们会做出错误的决定"那一章中所讨论的一样，我们的情绪可以帮助我们做出正确、有效的选择。如果我们不能正确管理自己的情绪，就会出现问题。有鉴于此，我们应该关注自己的情绪状态，在创建决策检查清单时，我们应该检查自己的情绪是否正常。这样可以让我们确定是否是特定的情绪妨碍了我们的进展。

让我们回到"如何投资1万美元"的例子。

假设我们在决定是否投资和如何投资我们的钱时，可能会经历以下一系列的情绪：

- 恐惧
- 焦虑
- 恐慌

- 乐观
- 自信
- 贪婪
- 挫折感
- 抑郁

把这些情绪都写下来。然后逐一评估，并检验每种情绪是否是真实的。

例如，对于第一次投资的人来说，自然会担心自己资金的安全。但鉴于在过去100年里，市场都相对稳定，焦虑感或恐慌感是否合理呢？这种焦虑和恐慌是真实的吗？同样，有经验的投资者在选择投资项目时自然会感到乐观和自信。这时，我们可能需要问一下，对于自己选择成功投资项目的能力，我们是否过度乐观或过于自信了？我们的自信是理智的吗？

仔细研究我们迄今为止能够想到的所有问题。

是否有任何问题表明了不利的或错误的情绪状态，这种情绪正好与眼下的事务相关？例如，思考下面这个"底线"问题：

我的投资资金会在三年内翻倍吗？

这个问题表明我们过于乐观了。尽管我们有可能在三年内使我们的资金翻倍,但可能性并不大。让过度乐观——一种不合理的情绪——来决定原则性的问题是不利的。如果我们不能管理好情绪,就有可能做出错误的投资决定。

提出暴露个人偏见的问题

我们在"影响我们决策的10种认知偏见"一章中讨论了一些值得我们注意的偏见。现在,我们要设法发现这些偏见(偏见并不总是容易察觉的),并尽量减少它们对决策的影响。我们通过一些专门设计的问题来暴露这些偏见。

假设我们在决定如何投资时,担心确认偏见会影响我们的客观性。我们对经济感到悲观,我们读到的每一篇文章都强化了经济黯淡的前景。在这种情况下,我们需要问以下问题:

- 除了通常信赖的人群以外,我们是否从其他来源获取信息和建议?
- 我们是否轻率地排斥了与我们的推测相反的信息和建议?
- 我们忽略了哪些不同的观点?

对于每一种容易影响我们的认知偏见,我们都应该采用这种方法来进行审查。当然,我们要有自我意识才能做到这一点。我们必须先察觉到自己的偏见,然后才能消除它们。

"第一部分：了解我们的决策过程"有助于提高我们对偏见的认识。

让我们把上述内容付诸实践吧。

练习8

想一下你目前所面临的一个重大决定。毫无疑问，我们需要考虑许多因素，包括可能与各种选项有关的某些情绪。我们以上面介绍的最佳做法为指导，制定一份决策检查清单。

首先，确定与决策有关的最优先事项。例如，如果是与你的职业有关的决策，优先事项可能包括薪酬、日常通勤和工作满足感；如果是与攻读高级学位有关的决策，优先事项可能包括学费、课程安排和毕业时间。

确定了最为重要的变量之后，我们需要制定一份相关的"是或否"问题清单，并根据优先事项拟定清单上的问题。下面是一个与换工作有关的简单示例：

- 新职位是否有更丰厚的薪酬方案？
- 如果我接受新的职位，我的通勤时间是否会更长？
- 新公司的文化是否与我的工作激情和理念一致？

下面是关于攻读高级学位的简单示例：

- 我是否可以不靠贷款来支付学费？

第二部分
做出更好决定的14种策略

- 我是否能够兼顾全职工作与作业和考试？
- 我是否能在两年内获得学位？

参考上面的示例，在本练习中尽可能多地提出与你所选择的决策相关的"是或否"的问题。

接下来，评估你所想到的每一个"是或否"的问题。找出所有回答为"是"的问题后，再进行下一步。将这些问题标记出来，使它们更醒目。

在"换工作"的例子中，我们的"底线"问题可能是"新职位是否有更丰厚的薪酬方案"；在"攻读高级学位"的例子中，我们的"底线"问题可能是"我是否可以不靠贷款来支付学费"。如果答案是否定的，我们应该就此打住并放弃这个决定。

现在让我们确认并解决与该决定有关的情绪问题。你激动吗？你是否感到悲伤或绝望？你是否被忧虑和压力所困扰？或者你是否感到乐观，甚至是喜悦？也有可能你会感到羞愧、困惑和念旧。

把这些情绪写下来，然后根据你所面对的决定来分析每一种情绪。这种情绪是合理的、有根据的吗？抑或是毫无根据的、没有理由的？把你的结论记在相关情绪的旁边。

最后，找出你曾遇到过的认知偏见，把它们写下来。然后，尽可能多地提出问题，说明这些特定的偏见是否损害了你当下决策的客观性。

练习所需时间： 30分钟

策略9：质疑你的假设

> "不管在任何层级，做出好的决策是一项至关重要的技能。"
>
> ——彼得·德鲁克（Peter Drucker）

一方面，假设限制了我们的思维框架，它们使我们先入为主地认为某些选项是不可行或不实际的。

另一方面，假设可以作为一种保护措施。当我们面对未知的情况时，大脑试图"填补信息空白"。如果我们不完全了解某种情况，就会对其进行假设，以此来驾驭不确定性。

问题是，我们的假设往往是不准确的。我们对陌生人、新地方或不熟悉的环境所做出的假设，十有八九是错的。因此，这种习惯会严重破坏我们的决策。如果我们做出了错误的假设，就有可能做出糟糕的选择。

出于这个原因，我们必须随时准备好质疑自己的假设，并且必须定期检验它们是否经得起推敲。我们的假设是基于可靠的数据、信息和经验，还是由于我们编造了一些故事来"填补信息空白"？

下面，我们将识别自己的假设并对其进行评估。这是一个条理清晰，而且相对快速的过程。

列出你的假设

我们是否能认识到自己的假设，取决于我们的自我意识。我们的一些观念是如此根深蒂固，以至于我们察觉不到它们。有一些观念则比较明显，但我们会尽力不去思考它们，因为我们凭直觉知道它们是有漏洞的或不合理的。

要质疑我们对某一特定决定的假设，第一步是把这些假设写下来。建议把它们写在一张白纸上，不要使用数码产品（笔记本电脑、手机或平板电脑）。手写记录可以刺激大脑，你可能会发现以前没有意识到的主观臆测。此外，你还可能在记录的同时就识别出了不合理的假设。

你可能会出于直觉而质疑你的假设，但这种做法是本末倒置的。现在，重点是识别和列出假设。我们在完成了这份清单后，将通过一系列简单的测试来评估每种假设的可信度。

质疑你的假设的7种快速的方法

如果我们依靠系统方法来检验我们的假设会更容易。如果我们胡乱地质疑自己的假设，就有可能忽略一些重要的基准，而只有达到这些基准后，我们才能认定自己的假设是符合逻辑和合乎情理的。基于以上考虑，下面是对我们的每一个假设进行检验的7个步骤。

识别假设的来源

我们假设的来源也许是一个网站，也许是一份实体出版物，也许是一个你认为是该领域专家的人。又或者，这种假设可能来自过往的经验、你的直觉，或一个根深蒂固的信仰体系。

写下这些来源。

单凭假设的来源就可能说明该假设是值得怀疑的。如果信息来源不可靠，那么这个假设也不可能可靠。

分析假设的措辞

措辞很重要。有些词和短语在理解的时候有太大的回旋余地。这样的词汇包括表达绝对含义的修饰词，如"总是"和"从不"。使用这样的词会扩大假设的范围，使其言过其实。例如，思考下面这句话："投资者在牛市中总是表现良好。"

这一假设错在其过于宽泛的措辞。首先，有一些投资者实际上是投机者。其次，修饰词"总是"降低了该假设的可信度。

真实情况是，一些在市场上投资的人在牛市中表现不佳。

这个问题同样也表现在语义范围过于狭窄的词和短语上。思考下面这句话：

"股票投资者可能会损失所有的投资资金。"

这一假设错在其措辞的语义过于狭窄。准确地说，如果我们把所有的钱都投资在一只股票上，而该公司破产了，我们确实可能会血本无归。但"股票投资者"这一定义过于狭隘。投资股票的方式有很多。一些投资工具，如共同基金，包含了非常多样的类型，几乎排除了完全亏损的可能性。

确定是否存在能证明假设的证据

简单来说，假设只是一种假说，仅此而已，假设是未经检验和证明的。如果我们不对假设进行检验和证明，它就会发挥不当的作用并影响我们的决策。为了将这个问题扼杀在萌芽状态，我们可以像对待任何其他假说一样，对假设进行严格的审查。

可以使用基本的6步科学方法：

1.进行观察

2.提出问题

3.形成理论

4.根据理论预测结果

5.检验预测结果

6.审查结果

我们不需要一步不落地完成全部的步骤。但第4步到第6步值得一做，以证实假设是可以证明的，预期的结果是可以重复的。

例如，回顾之前"投资者在牛市中总是表现良好"的假设。检验这一说法所需要的是研究过去的牛市，寻找投资结果不佳的证据。这种结果可能是由于在市场的高点投资（正好在必然发生的下跌之前）。如果对一个原本平衡的投资组合进行了调整，导致高风险的增长型股票占比过高，也可能发生这种情况。此外，一些行业，如公用事业和医疗保健，在牛市中也可能表现不佳。

归根结底，因为有大量的反面证据，"投资者在牛市中总是表现良好"的说法很容易被证明是错误的。

问一问 "如果我的假设被证明是错误的，会发生什么？"

首先，假设你的假定是错误的。现在，问问你自己，根据这一前提，事情会如何发展。

你将如何进行下一步？基于这个错误的假定会不会产生

后续的推测？如果是这样，这些推测也会被忽略吗？这又会如何影响你的决定？

假设你已经假定投资股市有损失全部资金的风险。不难理解，这种观点会使你对投资犹豫不决。现在假设这个假定是错误的，假设你损失全部资金的可能性为零。（严格说来，这种假设是不必要的。这样的结果是极不可能出现的。此外，这个假设仅仅是出于这个思想实验的需要）。

如果最早的假设现在被认为是错的，这会改变你的投资决定吗？你现在会不会更倾向于投资股市？此外，这一启示会如何改变你的投资方式呢？根据原来的假设而被排除的投资工具，你现在会重新考虑吗？

这个练习表明，推翻一个假设可以从根本上改变我们的观点和选择。它凸显了严格审查我们的假设的重要性。

想象假设的某些部分被证明是错误的

这一步是第4步的延伸。我们并不是假设我们的整个假定都是错误的，而是假设只有部分假定是错误的。我们会修改特定的变量，并评估这些变化可能会对我们的决策产生什么影响。

让我们再次假设我们接受了以下假定：

"股票投资者可能会损失所有的投资资金。"

第二部分
做出更好决定的14种策略

我们不是要直接抛弃这个假定,而是对其做一些小的修改。如下所示(修改处用斜体表示):

- "*科技股*投资者可能会损失所有的投资资金。"
- "*加密货币*投资者可能会损失所有的投资资金。"
- "股票投资者可能会损失*很大一部分*的投资资金。"
- "*如果再次遭遇大萧条*,股票投资者可能会损失所有的投资资金。"

原先假设的这些变化让你对投资的前景有什么想法?和第4步一样,你现在会不会更倾向于投资股市?你会重新考虑被你排除掉的投资工具吗?

通过改变某个假设的一些参数,我们可以进一步审视这个假设对我们决策的影响是否合理。

拉长时间范围

我们的许多假设源于过去的经验,它们产生于我们所经历的一些事情,时间范围通常很短。因为它们来自经验,所以我们认为它们是有效的,尽管我们的认知是有偏差的。

假设你曾经在某只股票上投资了一千美元。我们进一步假设,你的投资时间碰巧在该公司宣布最近一个季度的财务业绩不佳的几天前。该股票暴跌,你损失了30%的资金。在恐慌中,你卖掉了股票并承担了损失。

这个例子中的经历发生在一个很短的时间范围内。尽管如此，这段经历严重影响了你现在对投资股市的看法。也许它坚定了你认为"投资股票是一件风险过大的事情"的看法。

但让我们把时间范围拉长。假设你研究了这家公司的股票在最近一次价格下跌之前几年的表现。你会发现，以前它也经历过这样的下跌，并且总是能完全恢复，随后股票价格还上涨了。这种由延长时间范围提供的新视角，否定了我们基于经验做出的"投资股票会带来过度风险"的假设。

采用新的信息源

我们在第1步中讨论了信息源的问题。如果一个特定的信息来源是可疑的，那么根据它所提供的信息做出的所有假设也值得怀疑。

现在，我们应该采用新的信息源。不要依赖自己喜欢的信息渠道，而要寻求能提供不同视角的信息渠道。这些新来源的信息可能与我们从平常喜欢用的渠道获得的信息相矛盾，它们也许不合常规，甚至看起来很激进。

这对我们是有利的，新的观点可以帮助我们破除并最终摒弃不正确的假设。

假设我们认定投资股票有过度的风险。这一观念的产生，在很大程度上是源于我们依赖的一些信息渠道。发布这些信息的人明显对经济感到悲观，总体上对股票投资持怀疑态度。

现在假设我们采用了新的信息渠道。这些人更加乐观，他们看好经济，极力主张投资股票的种种好处，有充分的理由证明自己的立场。接触这些新的信息来源，会逐渐减少过去被我们偏爱的信息来源所造成的影响。在此过程中，新的信息渠道降低了我们对错误假设的过多信任。

让我们把上述内容付诸实践吧。

练习9

在这个快速练习中，我们不打算讨论你所面对的任何特定决定。相反，我们将专注于一个可能过度影响你的观点、选择和行为的假设。我们将运用上述步骤对这个假设进行细致的分析。

首先，选择一个对你的观点影响很大而且未经审视的观念或未经验证的假设。不论它是与医疗保健、教育或环境有关，还是与具体的不平等现象或个人自由有关，任意选择一个。

现在，我们对这个假设进行检验。

第一，列出你获知这一观点的信息渠道，包括网站、YouTube视频，或是朋友、家人和同事。问问自己，提供这一信息的人是否是该方面的专家。在不影响你的观点的真实性的情况下，可以不考虑任何非专家提供的信息。

第二，检查在你的假设中常出现的措辞。注意绝对修饰语（如"从不""总是"等）；找出语义过于狭窄的措辞，这样的措辞使假设的限制性太强而让人难以相信；找出语义过度宽泛的措辞，这样的措辞使假设过于笼统。

第三，检查该假设是否有无可争议的证据支持。是否有反驳该假设的证据？是否有一些虽然不能推翻假设，但会削弱其有效性的例外情况？

第四，设想一下如果你发现你的假设是错的。这一发现会如何影响你？它将如何改变你的观点？你会不会重新考虑以前被排除掉的选项？你会不会觉得你在选择上享有了更大的自由度？

第五，按照上述同样的思路，设想你了解到你的假设的某些部分是不正确的，或者至少是不可靠的。虽然大体上可能是有效的，但更具体的细节是有问题的。这一发现会如何影响你？它将如何改变你的观点？它会如何扩大你的选择范围？

第六，拉长你的假设的时间期限。如果以前是以天为单位，那就把它延长到几个月；如果以前是以月为单位，则延长到几年。这个假设仍然成立吗？它的有效性是否能保持不变？还是延长时间期限会使假设变得不那么可靠？

第七，寻找与假设主题有关的新的信息来源。具体来说，寻找相互冲突的观点、不同的意见和相反的证据，这些信息来源可以提供有见地的反驳意见。如果该假设能够经受住这些考验，你就可以确定其合理性。否则，你可能很快就会发现该假设是错误的。

练习所需时间： 25分钟

策略10：抛开沉没成本谬论

> "一旦做出决定，就不要再瞻前顾后。不要质疑自己的决定。"
>
> ——穆罕默德·阿里（Muhammad Ali）

当我们为已经花出去的金钱或时间而烦恼时，几乎不可能做出良好、理性的决定。这些曾经的付出往往使我们感到有必要对当初草率的选择坚持到底。有这种想法是因为我们在这些选择中有所付出，我们为它们投入了资源，放弃它们会让我们感到不舍。

因此，我们最终选择一条道走到黑。尽管我们直觉上知道自己的选择是错的，但仍然坚持维持现状。

这就是沉没成本谬论在作怪。沉没成本谬论是一个心理陷阱，使我们不愿意及时止损和改变路径，哪怕这样才是明智的做法。

可想而知，沉没成本效应会破坏我们的决策。下面，我们将研究沉没成本效应如何影响我们的决策的一些例子，并讨论我们可以使用的几种策略，以尽量减少它对我们的影响。

沉没成本效应影响我们决策的例子

沉没成本是指无法收回的已花费的资源。如果这种资源是金钱，包括不能退款的音乐会门票、大学学费和健身房会员费。这种资源也可以是时间，例如，看电影、攻读高级学位或学习武术所用的时间。不管是哪种情况，所花费的资源，无论是金钱还是时间，都无法收回。

沉没成本对我们来说是难以忽视的。对金钱或时间的投资会让我们产生一种情感上的依恋。我们觉得自己已经付出了，而且变得不愿意放手。此外，我们很多人都不愿意浪费自己的资源。如果我们要为某一特定目的付出金钱或时间，我们希望能保证自己的付出是值得的。我们对止损有一种天然的反感。

假设你买了一场棒球比赛的门票，你正在看球，但球赛进行到第四局时天开始下起了小雨，你只能可怜兮兮地坐在雨中观看比赛。因为门票是不能退款的，而且你已经为比赛中花了一个多小时了（加上路上的时间），你觉得自己难以抽身离去。于是，本来离开可以说是更好的选择，但你决定继续留在座位上。

或者假设你正在上大学，你的学业都已经完成一半了才发现自己根本不喜欢现在的专业。你对这个专业如此厌恶，以至于你不打算毕业后从事这一方面的工作，但为了这个学位你已经投入了大量的时间和金钱。因此，你决定坚持到底。因为你过去的付出让你觉得有责任完成学业，于是你选择继续投入自己的资源。你的决定受到了沉没成本效应的过度影响。

再举一个例子：假设你和朋友的关系不太好，你的朋友对你不好，在你需要情感支持的时候对你不闻不问，而且你们只要在一起就会争吵。尽管朋友的陪伴不再让你感到开心，你还是决定继续这段友谊。毕竟，这么多年都过来了，放弃这段友谊似乎是错误的，尽管它可能已经失去了意义。此时，最佳的决定可能是简单地结束友谊。不幸的是，沉没成本效应诱使你将这段友谊延续下去。

我们都曾在某个时候成为过沉没成本谬论的牺牲品。我们都曾为了已经付出的金钱、时间和其他资源做出过错误的决定。让我们看看有什么方法可以防止我们一错再错。

克服沉没成本谬误的5个简单策略

如果我们希望做出正确、有效的决定，就必须克服偏见，不要把好的资源浪费在不值得的事情上。我们中的许多人往往没有意识到自己身上有着这种根深蒂固的倾向。好消息是，只需要采取一些简单的做法，就能轻松地克服这种偏见。

考虑机会成本

当我们持续将资源投放到已经决定的事情上时，往往会导致视野变得狭隘。我们只关注当下的努力是否产生了净收益，如果情况如此，我们就会维持现状。

但这种观点忽视了相应的机会成本。我们投入当前活动中的资源不能再用于其他活动。

假设我们每月向一个共同基金投资一千美元，而该基金最终出现了亏损。如果我们坚信卖出股票只会锁定我们的损失（这时，我们正在成为沉没成本效应的受害者），于是我们就会继续每月向该基金投入资金，希望最终能挽回损失。

在上面例子中，我们忽略了与持续投资相关的机会成本。假设我们还背负着2万美元的信用卡债务，这笔债务的利率是15%，即使我们的共同基金能够挽回损失并与市场同步（即每年以8%至10%的速度升值），我们仍然遭受了净损失。如果我们没有考虑到这里的机会成本（偿还债务而不是投资），我们就有可能忽略这笔永久的损失。

如果你预见到了一个决定会带来的不良结果，而且因为你已经投入了大量的时间和金钱而不甘心放弃，请多想一想机会成本的问题。

摆脱对决定的任何情感依赖

有时我们会对自己的决定产生感情上的依赖。这使我们很难及时止损、改弦更张。情感依赖是沉没成本效应略微不同的表现形式。

情感依赖可能来自对某件事的个人兴趣。例如，我们明知道自己喜欢的新车发动机有问题，还是选择购买。

情感依赖也可能来自责任感。我们在一项工作上投入了感情，就觉得必须将其进行到底。例如，因为某个演员曾在我们喜欢的电影中扮演过角色，我们就觉得他亲切，哪怕他主演了一部糟糕的电影，我们也要坚持去看。我们的情感依赖越强，就越难以割舍一项事业。

应对这种沉没成本效应的方法之一是主动切断我们对决定的情感依赖。我们应该问自己下面的几个问题：

- "如果我们放弃这个项目，最坏的情况会是什么？"
- "如果失败了会怎样？"
- "这次失败可能会如何影响我们的未来前景？"

回答这些问题可以减轻非理性恐惧，这种恐惧源自我们对这些问题缺乏仔细的思考。我们会发现，从一个过去决定的项目中抽身，不会对我们造成持久的影响。如果情况果真如此，哪怕我们投入了大量的资源，抽身离开也许是最佳、最有成效的选择。

不要让过去的决定束缚未来的决定

这种做法带来了一种简单的思维方式的转变。当我们做出决定时，我们会对自己的决定产生一种责任感，而与这件事有关的每一个后续的决定都会加强这种感觉。上文曾说过，我们的责任感越强，我们就越难放手。这可能导致我们对不明智、无益的决定的因循守旧，并无视比我们最初的选择更好的选项。

假设我们打算将1万美元投资于一个共同基金。我们只是决定了要投资于基金，但并没有选定是哪一个基金。我们做出了初步决定，这时，我们的热情还相对较低。

但假设我们决定更进一步：研究可以选择的基金。我们花了大量的时间比较各种基金的业绩记录，在此过程中，我们的热情不断高涨。

接下来，假设我们最终选定了某个共同基金，并决定顺理成章地进行下一个步骤：开立账户。我们在网上完成了必要的资料填写工作；我们提供了个人详细资料（姓名、社会保险号码等）及我们的银行账户信息。

请注意，后续的每一个决定都强化了我们向这个共同基金投资1万美元的信念。我们几乎感到这是我们的义务，花了这么多时间来做出这个选择，以至于我们几乎忽略了其他的选项（例如，用这笔钱来偿还信用卡）。这是另一个沉没成本效应的例子。

只要我们能认识到，以前做出的选择并不意味着我们有任何义务去采取某个特定的行动，就可以避开这个陷阱。以前的选择对我们没有约束力，这种认识让我们有信心合理地放弃一个决定。我们要学会及时止损，而不是被虚假的责任感驱使着一条路走到黑。

关注数据而非情感

如上所述，我们经常对自己的决定产生感情上的依赖。这会带来麻烦，因为情感依赖使我们不愿意接受与自己决定相反的选项。当我们遇到与我们所做决定的推理相矛盾的信息时，我们甚至会变得充满戒心。

当这种情况发生时，我们大脑的边缘系统，即处理我们情绪的部分，开始强化沉没成本效应。我们的情绪状态和决定之间的联系越强，我们就越难以放弃它们。

遇到这种情况，解决办法很简单。我们必须养成优先考虑数据而不是情绪的习惯。我们必须依靠不带情感的信息，

第二部分
做出更好决定的14种策略

而不是我们的直觉。只有这样，我们才能理性地确定我们的选择是明智和实事求是的，针对那些与我们目前行动方针相悖的选项更是如此。

这需要练习。培养这种习惯的唯一方法是反复练习。为此，每当你要做出延续目前的行动路线的决定时，就问问自己"这个决定是否有数据支撑？"

问问自己，是否有自尊的因素掺杂其中

有时，所有证据都表明我们应该放弃某项行动，但我们却因为自尊心而坚持己见。我们可能觉得自己当初的决定是正确的，现在不愿承认是自己错了。我们可能发自内心地相信自己的决定最终会产生好的结果，即使情况已经难以为继。

我们的自尊心很容易成为沉没成本谬论的完美伙伴。如前所述，我们在一个决定中投入的资源越多，我们对它的感情就越深。我们的自我价值与选择的结果捆绑在一起，甚至到了即使我们最初的决定被证明是错误的，也无法放手的地步。

为了防止这种情况，我们必须将自尊心与决策分开。首先，我们必须承认，自己有时会做出不明智的选择，但这既不反映我们的智慧，也不反映我们的能力。其次，我们必须养成习惯，在即将做出决定的时候，问问自己是否只是为了满足自尊心。

假设你告诉朋友和家人，你打算投资1万美元购买某只股票。根据你的研究，你坚信这是一项好的投资，并吹嘘自己全靠高超的投资水平才发现了这只股票。在你真正买入这只股票之前，问问自己"这里面是否有自尊心的因素？"如果答案是"是"，就值得重新评估这个决定，以确保它是合理的。

让我们把上述内容付诸实践吧。

练习10

想一想你目前难以下定决心的一个决定。也许你马上要购买一辆新车，也许你正在考虑搬到另一个地方，又或者你正在考虑转行。我们将通过问自己一系列尖锐的问题来考验这个决定。

首先，头脑风暴一下与这个决定有关的机会成本。如果你迈出这一步，哪些选项是不现实的？你将放弃哪些机会？

详尽无遗地把它们写下来。然后，问问自己以下问题：

- 我是否愿意牺牲清单上列出的一切？
- 如果没有清单上的东西，我是否会感到高兴？

第二部分
做出更好决定的14种策略

如果这两个问题的答案是"否",你就应该放弃这个决定。

如果你的决定顺利通过了第一步,请找出你对它所有的情感依赖。问问自己以下问题:

- 为什么这个决定对我很重要?
- 如果我放弃这个决定,最坏的情况会是什么?
- 放弃这个决定可能会对我的未来产生什么影响?

你的答案可能会表明,你之所以倾向于做出这样的选择,完全是因为你到目前为止所投入的资源(沉没成本效应)。

接下来,承认在这件事上你以前的决定并不意味着你有责任要坚持到底。问问自己以下问题:

- 既然我以前的决定不具约束力,我继续坚持的理由是什么?
- 我是否仍然相信我的选择会产生好的结果?还是只是因为以前的选择让我觉得不得不继续这样做下去?

接下来,反思一下你的情绪是否影响了决策过程。问问自己以下问题:

- 是什么在促使我做出这个决定?
- 为什么我对这个行动方案有情感上的依赖?
- 鉴于我的目标和优先事项,我现有的数据是否支持这

133

高效决策
做出明智决定的14个策略

个选择？

最后，确定你的决定是否掺杂了自尊心的因素。如果是的话，你就有可能因为不可靠的原因而做出一个糟糕的选择。问问自己以下问题：

- 如果承认自己关于这个决定的考虑是错误的，我会有什么感觉？
- 如果我决定放弃这个决定，会感到难堪吗？
- 我是否对其他做出类似决定的人感到嫉妒？

如果在完成这个练习后，你仍然相信推进某个特定的行动方案是一个明智的决定，那么这个决定很可能如你所愿。至少，有一点你可以放心，你是在理智地、目标明确地做出选择，而不是因为受到了沉没成本谬论的影响。

练习所需时间： 20分钟

策略11：识别并避免信息过载

> "我们生活在一个信息越来越多，而意义越来越少的世界里。"
>
> ——让·鲍德里亚（Jean Baudrillard）

我们需要事实、数字和其他形式的信息来做出有效的决定。没有信息，我们就不得不盲目地相信自己的直觉。因此，做出正确、有效、理性选择的一个关键环节是搜索并获得可靠的信息。

尽管如此，再好的东西也应该有个度。虽然决策过程离不开可靠的信息，但信息也可能成为一种负担。太多的信息会使我们不知所措。我们有可能被信息淹没，以至于因犹豫不决而失去行动力。

简而言之，信息过载了。

信息过载是如何发生的（它又会如何损害决策过程）

我们比历史上任何时候都能更轻而易举地获得更多信

息。互联网使我们在几秒内就能获得关于任何话题的详细信息。如果花上几个小时来进行研究，我们能获取的信息就根本用都用不完。我们能够在任何想要了解的话题上从蒙昧无知的状态飞跃到豁然开朗的状态。

这看起来是一件好事。但它极容易成为一种负担，特别是当我们试图厘清多个选项并从中做出最佳选择时。

当输入的信息量超过我们的处理能力时，就会出现信息过载，信息变得令人难以招架。

理想情况下，当我们有足够的信息做出有效决定时，大脑会直接切断输入的信息流，但现实并非如此。相反，信息的泛滥，往往带来越来越多的选项（其中大部分是不切实际的或站不住脚的），造成认知短路。我们的大脑会罢工，因为信息量超过了我们的处理能力。

我们很容易受到信息过载的影响，原因很简单。第一，每天都有大量的新信息产生。第二，我们在做出重要决定之前，理所当然地觉得有必要尽可能多地获取信息。第三，大多数人缺乏系统方法来处理获得的信息。我们缺少一种可行的方法来过滤、组织和评估信息。

这通常会导致两种可能发生的情况。一方面，我们可能会丧失分析能力，不敢做出决定，因为觉得自己没有充分分析相关信息，所以害怕会做出错误的选择。

另一方面，我们对自己的困境感到恼怒。面对无法处理的堆积如山的信息，我们只能无可奈何地坐视不理，然后凭直觉做出冲动、鲁莽的决定。

显然，在这两种情况下，我们都无法做出理性、有效的决定。因此，有必要发明一种系统方法，帮助我们避免这两种情况。

避免信息过载的简单4步法

好消息是，要避免信息过载很容易。我们只需要一种切实可行的方法，使我们能够过滤无用的信息，识别并快速整理和处理所需的信息。

这听起来像是一项艰巨的任务，但它比你想象的要简单。以下4个步骤能确保你在做出重要决定时避免信息过载。

第1步：精简收到的信息

我们接触到的大多数信息对我们来说都是无益的。有些是毫不相关的信息，有些则是不适用的信息，还有一些可能是相关的信息，但过于庞杂，以至于没有什么实际价值。

因此，第一步是创建一种过滤低价值信息和获取高价值信息的方法。要做到这一点，我们需要考虑以下两个因素：

1.信息类型。信息类型可以是与决策的内容有关的时事,也可以是产品规格、尚待通过的立法或可用的应用。我们需要的信息类型取决于我们所面临的决策的性质(如商业、消费者、个人等)。

2.信息来源。信息来源可以是提供付费学术论文的研究网站,也可以是在线数据库、新闻媒体网站、博客,甚至是提供相关问题专家意见的社交媒体,我们还可以在实体出版物中发现价值,如学术著作或特定的行业杂志。

一旦我们确定了需要的信息类型,以及提供信息的来源,就需要一种有效组织这些信息的方法。

第2步:创造判断内容优先级的方法

我们很容易落入漫无目的的阅读陷阱之中。我们虽然获得了海量的相关信息,但并没有对其进行优先排序,而是一头扎了进去。我们无差别地看待每条内容,仔细地研究它们,而没有考虑这些内容是否真正值得我们花费时间和注意力。

这种方法浪费时间。更糟的是,它降低了我们对那些影响最大的信息的重视。如果我们不加区别地对待所有获得的信息,就有可能忽视真正实用的信息。我们可以创造一种方法来避免这个问题。

第一，快速检查每条信息，并按照每条信息的优先级将其划分为1级、2级或3级。最高优先级（1级）应该指定给包含可执行信息的内容。次优先级（2级）用于表示信息量大，但不可直接执行的内容。最低的优先级（3级）代表着看起来很有趣，但既没有有用的信息也无法执行的内容。

第二，将每条信息分别划分为以下三种类别：浏览、阅读或研究。完成这一步后，下面是我们该如何使用不同类别信息的方法：

浏览——阅读大标题和小标题；注意编号列表和项目列表；对与决定相关的特定短语进行关键词搜索。

阅读——从头到尾阅读内容。

研究——除了阅读内容外，还要做笔记。这些笔记可以包括有待进一步研究的信息，还可以包括关键信息的概述和关于我们如何对其采取行动的批注。

我们容易想当然地认为可以根据每条信息的优先级别，将其划分为上述三类中的一类（浏览、阅读或研究），但情况并不总是如此。有些高优先级的信息可以根据其格式进行浏览，有些低优先级的信息可能需要完整地通读（可能还要做笔记），尤其对于特别简短的信息更是如此。

第三，这最后的一步是决定何时阅读每条信息。同样，我们容易想当然地认为应该先处理高优先级的信息，把低优先级的信息留到最后。但实际上我们的决定应该基于以下因素：

- 消化这些信息的难易程度
- 消化这些信息所需的时间
- 我们能多快地针对其采取行动

如果我们可以快速地消化一条信息，即使我们给它分配的优先级较低，处理这样的信息也应该宜早不宜迟，这样的信息可能含有一个我们可以用得到的有趣细节。相反，如果一篇高优先级的文章很冗长，包含很全面的信息，需要我们专注阅读，我们也可以合理地推迟阅读它的时间。

我们现在已经成功地创建了一套帮助我们对信息进行优先排序的系统。让我们来探讨一下如何过滤一些有可能在我们办公桌上出现的内容。

第3步：过滤低相关性的信息

低相关性的信息是对我们当前的决定没有帮助的内容，它可能与一些其他项目或责任有关，但它与我们目前正在纠结的决定无关。下面是一些这样的内容：

- 来自同事、客户、老板、朋友、家人的电子邮件
- 同行评议的文章

- 行业杂志
- 学术期刊
- 财务报告
- 调查结果
- 时事新闻
- 网站文章

我们需要使用过滤机制来防止低相关性的信息夺走我们为高相关性内容准备的时间和注意力。下面是几种非常简单易用的过滤机制：

电子邮件过滤系统

大多数电子邮件服务供应商（Gmail、Outlook、Yahoo Email等）允许你根据各种参数设置过滤条件。你可以设置一个过滤条件，突出显示在邮件主题或正文中包含与你的决定相关的词语的邮件，突出显示功能将使这些邮件更显眼。

如果你最近收到大量不需要你立即处理的电子邮件，可以设置过滤条件，自动将它们放入文件夹以后再查看。你可以根据邮件主题或正文中的关键词来实现这一功能。或者，如果某个发件人发的全都是关于特定主题的电子邮件，则可以根据发件人的电子邮件地址来过滤掉这些邮件，将它们发送到以发件人姓名命名的文件夹中，这样你以后也可以轻松地找到它们。

按照处理信息所需时间来过滤信息

对于一条你能在60秒内完全消化的相关信息，就应该立即处理，而不是把它归档。如果把这条信息归档，以后再检索和阅读，会增加信息的处理量，还会造成信息积压。如果你有很多被归档的未读内容，处理它们最终会花费更多的时间，耗费更多的精力。

《搞定一切》（Getting Things Done）一书的作者，生产力顾问大卫·艾伦（David Allen）倡导过一条与此类似的按时间要求进行过滤的原则，他称其为"两分钟规则"。艾伦建议，如果某件事情现在可以在两分钟内完成，那么最好现在就做，因为以后再处理和思考这件事情的话会需要两分钟以上的时间。这条原则可以提高你的效率。

这种方法在过滤信息时也同样适用。

按照是否可以委托他人处理来过滤信息

有时，你会收到需要采取行动，但与你正在纠结的决策没有直接关联的信息。在这种情况下，你或许可以将该信息和所需的行动委托给其他人处理。

假设一个同事给你发电子邮件，内容是关于你的部门负责的一份报告。你的同事要求你提供一个预估的完成日期。

与其将你的注意力从研究与重要决策相关的内容上转移开，不如将这封邮件转发给你小组中的某个人，让他代替你进行回复。

又或者，假设你正在规划一次全家人的度假安排。你和你的另一半已经确定了要去的地方。你负责预订旅游套餐和住宿，你的另一半答应负责计划每天的行程。如果你看到了与当地餐馆、适合儿童的活动或有趣的短途旅行有关的内容，请将其转发给你的另一半。将这项任务委托出去，你才可以专注于选择中途停留最短的航班，以及一家评价良好、位置便利的酒店。

根据日常惯例来过滤信息

有些类型的信息可以根据你的日常惯例来进行过滤。假设你收到一本行业杂志，其中有一篇文章对你做出重要决定很有帮助。你平常喜欢在午餐时阅读行业杂志，在这种情况下，可以根据你的既定习惯，暂时不去阅读这本杂志。

这种方法的适用场景包括使用电子邮件、在线研究，甚至是向他人寻求建议。如果你有现成的处理日常事务的惯例，就用它作为一种过滤信息的工具来组织和管理收到的信息。

第4步：设定时间限制

在第3步中，我们介绍了按照处理信息所需时间来过滤信息。这种方法适用于快速处理简短的相关信息的情况（即如果能在一分钟内读完的信息，我们应该当即完成而不是推迟到以后再做处理）。我们可以使用类似的方法来处理收到的所有信息。

现在，我们为每条信息设定时间限制。这些时间限制可以防止我们在任何特定信息上花费过多的时间。

假设你把一篇行业文章留到午餐时阅读。这是一篇长文，有可能会花掉你的整个午休时间。同时你还打算在午休期间阅读其他资料，所以你不能把整个午休时间都用于阅读这一篇文章。

我们可以设定一个时间限制。只给自己30分钟的时间来阅读这篇文章。在手机上设置一个30分钟的计时提醒。当计时器响起时，转而阅读你原计划在午休时阅读的另一篇文章。

我们可以用这种方法来对抗帕金森定律（Parkinson's Law）。帕金森定律指出"工作会自动膨胀到占满所有可用的时间。"如果你没有设定时间限制，你可能会无意间把整个午休时间花在阅读这篇长篇的行业文章上。因此，你会被迫推迟阅读其他内容。设置一个时间限制可以防止这个问题。

让我们把上述内容付诸实践吧。

练习11

在以前的练习中，我们把目前可能面对的决定作为了练习对象，这种方法在这里就没有必要了。在这个练习中，我们可以讨论你现在感兴趣的任何话题。可以是政治、社会问题或某一特定爱好（如烹饪、高尔夫、弹吉他等）。选择一个你经常阅读大量相关内容而有可能遭受信息过载的话题。

第一，精简收到的信息。确定每条信息的类型和来源。这将有助于我们组织和确定其优先次序。

假设你经常阅读有关烹饪的内容。你会在Youtube上观看烹饪视频，阅读教授烹饪技巧的书籍，浏览展示如何制作特定食物的博客；你经常收到许多关于烹饪的电子邮件订阅；你还加入了几个专注于烹饪的网上兴趣小组。写下这些信息的类型，以及它们各自的来源。

第二，根据每条信息的有用性来确定其优先级。用数字1、2、3来表示每条信息的优先级别。

假设你所关注的YouTube烹饪频道提供的内容具有可操作性，而不仅仅是提供一些信息。你将20个视频保存到了你的收藏队列中，并打算在未来几周内观看它们。快速浏览收藏列表，根据视频的直接有用性，给每个视频打上1分、2分或3分。如果你需要看一个视频来准备今晚的饭菜，就给这个视频打1分。如果一个视频很有趣，但不是马上用得着，就给它打2分或3分。

通常情况下我们要确定是否应该浏览、阅读或研究某项信息。教学视频通常需要完整地观看。因此，我们接下来会决定何时观看视频。

回顾前面的内容，我们的决定应该基于以下几个标准：

- 消化这些信息的难易程度
- 消化这些信息所需的时间
- 我们能多快地针对其采取行动

一个10分钟的烹饪教学视频应该优先于60分钟的视频，因为它的强度较低（易于看完）。它的优先性可能仅仅在于我们能更快地看完它，也可能是因为我们可以立即将其派上用场，而较长的视频可能需要更多的思考和准备。

第三，设置有助于管理低相关性信息的过滤条件。回想一下前面讨论的四种类型的过滤方法：

1. 电子邮件过滤系统
2. 按照处理信息所需时间来过滤信息
3. 按照是否可以委托他人处理来过滤信息
4. 根据日常惯例来过滤信息

电子邮件过滤系统可以用于管理你所订阅的与烹饪有关的电子邮件。按照处理信息所需时间来过滤信息可以用来处理碎片化的内容，防止信息积压。委托他人进行信息过滤在这里用处不大，因为烹饪主要是一项单独的活动。但是，根据日常惯例来过滤信息是可以用的。根据你的日常惯例决定何时观看烹饪视频，阅读与烹饪有关的书籍、博客和新闻简报，浏览网上兴趣小组发的帖子。

现在，第4步也是最后一步：设定时间限制。例如，给自己30分钟来浏览你所关注的烹饪兴趣小组的发帖，留出45分钟来阅读你订阅的电子邮件，给自己25分钟时间来阅读烹饪相关的博客。定好闹钟，让自己不要超时。

练习所需时间： 30分钟

策略12：利用心智模型做出更好的选择

> "真正成功的决策依赖于深思熟虑和直觉思维之间的平衡。"
> ——马尔科姆·格拉德威尔（Malcolm Gladwell）

心智模型是非常有用的工具，应用十分广泛。介绍如何在生活的各个方面培养和使用心智模型的书籍比比皆是。

本章将专门讨论如何利用心智模型来改善我们的决策。我会解释心智模型的定义并介绍它们在做出正确、有效和理性的选择方面有何裨益。然后，我们将学习五种具体的心智模型，当你需要做出重要决定时，会发现它们是非常有用的辅助工具。

什么是心智模型

从本质上说，心智模型是一种思考事物的具体方法。心智模型就像是一个镜头，我们通过它来感知周围的世界，并更好地理解世界的运作原理。心智模型可以帮助我们解决问题，思考问题，发现机会，建立因果关系。它能帮助我们更好地思考，提高我们的探究能力，避开盲点，做出更明智、更有效的决定。

可供我们使用的心智模型有许多。每当我们需要做出重要的决定时，应该练习和使用几种不同的心智模型。正如伯克希尔·哈撒韦公司副主席查理·芒格（Charlie Munger）所指出的，我们需要一种心智模型"网格"来有效地解构和解决我们面对的难题。

心智模型如何改善决策

我们决定的有效性取决于我们正确认识周围问题和情况的能力。如果我们没有正确理解当下的问题，就有可能做出错误的选择。如果我们没有注意到投入和产出之间的因果关系，我们的选择就有可能造成糟糕的结果，而这样的结果本来是可以避免的。如果我们看待问题的视角有限或带有偏见，就有可能错误地理解那些本应帮助我们做出正确决定的信息。

心智模型帮助我们远离这些问题。使用合适的心智模型使我们能够加深对特定情况的理解，形成建设性的理论，有利于做出明智的决定。心智模型有助于我们更好地理解我们的情况，并专注于影响最大的变量上。

例如，经济学往往艰深晦涩，令人困惑。但我们可以使用各种心智模型，如供需关系、比较优势和边际效用，来更好地理解特定的经济问题。同样，物理学也是一门让很多人（包括我自己）都摸不着头脑的学科。然而，我们可以使用大量的心智模型，如惯性、热力学和相对论来更好地理解影响特定结果的因素。

心智模型不仅仅对科学有用。我们也可以建立心智模型，帮助我们在生活的各个领域中，无论是人际关系还是工作，更驾轻就熟地解决棘手的问题。一旦我们建立了正确的模型，就可以用它们来做出更好的决定。

5种有助于更好决策的心智模型

我们可以用成千上万的心智模型来更好地理解我们周围的世界。大多数心智模型的应用范围有限，尤其是在有效决策方面难以派上用场，但有几种模型对我们十分有用。下面，我们将探讨5种心智模型，在我们需要做出重要决定时，它们将极大地为我们减轻负担。

第一性原理

我们时常会遇到复杂的问题。通常情况下，我们能够依靠我们的价值观、信仰体系、经验和假设来应付它们，也可以效仿他人在面临类似情况时的决定和行动。

然而，有时我们面临的问题和决定会包含一些因素，使得这些办法变得不合时宜。因此，我们必须要另辟蹊径。第一性原理推理会引导我们将问题分解到无法对其进行假设的程度。这时，我们不是从制约我们的因素来考虑问题，而是从可能性的角度来考虑问题。

想象一下小朋友在面对大人的指令时是如何不厌其烦地问"为什么"的：

家长："你需要去睡觉了。"

孩子："为什么？"

父母："因为你需要睡眠。"

孩子："为什么？"

家长："因为不睡觉，你明天就没精神。"

孩子："为什么？"

家长："因为大脑需要睡眠才能正常运作。"

孩子："为什么？"

……

儿童天生会从第一性原理推理的角度来思考问题。的确，这可能会让父母火冒三丈。但这是一个很好的例子，说明了如何使用第一性原理来更好地理解围绕一个特定决定或问题的情况。

逆向思维

我们通常从我们想要实现的目标的角度来处理问题。我们的行动、行为和选择都基于我们所期望的结果。我们会树立一个目标，制订一个行动方案，并一步一步地往前推进。

这种方法被证明是有效的。但当我们面对复杂的问题时，光有这种方法还不够。有时，截然相反的方式也能处理问题。我们不是着眼于所期望的结果并思考如何实现它，而是考虑可能出现的挫折和失败并思考如何避免它们。从本质上讲，我们是在逆向思考，而不是正向思考。

前面提到的查理·芒格就曾经调侃道："我只想知道我会死在什么地方，这样我就永远不会去那里。"简而言之，这就是逆向思维。

对大多数人来说，逆向思考一个问题并非易事。我们必须通过实践来培养这种习惯。好处是，如果我们训练自己正向和逆向思考问题，就可以更好地识别可避免的错误以及可能忽视的机会。

假设我们想将1万美元投资于股票。我们会本能地考虑预期结果：资本增值。这种思维方式让我们关注最近表现良好的股票。但是，让我们把这个问题"倒过来"，逆向思考这个问题。如果我们不关注预期结果，而是关注可能遭遇的挫折：资本贬值的话，我们该如何避免亏损？一种方法是发现以低于其内在价值的价格出售的股票。

顺便提一下，这种策略被称为"价值投资"。芒格和他的伙伴沃伦·巴菲特（Warren Buffet）一直在使用这种策略，并取得了巨大的成功。而价值投资的策略就源于逆向思维的心智模型。

奥卡姆剃刀

你肯定听说过"奥卡姆剃刀"。你或许已经认同了这个原则。"奥卡姆剃刀"同时也是我们现有的最简单和最有用的心智模型之一。如果运用得当，它可以帮助我们剥去问题的复杂性，发现问题的本质并高效地解决问题。

哲学家威廉·奥卡姆（William of Ockham）（在14世纪用拉丁语）说，"如无必要，勿增实体"。在过去的800年中，这一说法被稍微改为"最简单的解释通常是最好的解释"。从本质上讲，如果我们面临着一个困惑的难题，这个难题有一个复杂的解释和一个简单的解释，后者通常比前者更可靠。

让我们回到"投资1万美元"的例子。假设我们不确定该如何投资这笔钱，因为我们有无数的投资工具可供选择。我们应该购买股票吗？应该买入期权吗？应该使用技术分析来发现和利用市场的不利因素吗？我们应该购买债券吗？如果我们决定投资债券，该考虑哪种类型（市政债券、高收益债券、公司债券、国债等）呢？问题可能很快就变得十分复杂。

我们可以使用"奥卡姆剃刀"剔除不必要的复杂因素，将注意力集中在一个更简单的解决方案上：指数基金。指数基金往往与市场保持同步，而大多数其他投资工具在一段时间内都无法做到这一点。因此，"奥卡姆剃刀"简化了我们关于如何投资1万美元的决定。

"奥卡姆剃刀"并不是一个万无一失的心智模型。事实远非如此。但它是一个非常有用的模型，特别是当复杂的问题导致我们犹豫不决和丧失分析能力时。

二阶思维

每个人都在进行一阶思维，即使人们并没有意识到这一点。一阶思维是对直接后果的认识。如果我们因为愤怒而打人，不出意料的话，对方会愤怒地回应；如果我们乳糖不耐受，还吃了一大杯冰激凌，消化不良就是必然的结果；如果我们晚上睡觉时没有设置闹钟，第二天早上肯定会睡过头。

二阶思维迫使我们考虑我们决定的后续影响。它引导我们去追问"接下来会发生什么？"如果我们因为愤怒打了人，这个人必然会愤怒反击，在这之后会发生什么呢？他会报警吗？他会找朋友帮忙以牙还牙吗？如果是在公共场所，我们会被驱逐离开吗？

如果我们晚上睡觉时不设闹钟，第二天早上睡过头后会怎样？我们会错过重要的工作会议吗？我们会无法送孩子按时上学吗？我们会为了赶时间而被迫放弃早餐吗？

我们可以把二阶思维发挥到极致。例如，三阶思维会考虑如果我们殴打的人报警了，"接下来会发生什么？"我们会被关进监狱吗？如果进监狱，我们会背上犯罪前科吗？这可能会影响我们未来的就业吗？如果我们因为睡过了头，错过了重要的工作会议，我们会被解聘吗？如果我们被解聘了，会影响我们支付房屋抵押贷款的能力吗？如果我们无法支付房贷，房子被收走了怎么办？

二阶思维是一种强大的心智模型。它能提示我们可能会被忽略的潜在后果，帮助我们做出更好的决定。身家上亿的投资者、对冲基金经理雷·达里奥（Ray Dalio）曾经指出：

高效决策
做出明智决定的14个策略

没有考虑到二阶和三阶的后果是很多糟糕透顶的决定的原因。

二阶思维对我们生活的每个领域都大有裨益。不论是小事还是大事，它可以为我们所有的决定提供信息，给我们一个更广阔的视角，让我们做出更明智、更正确、更有效的选择。

概率思维

我们常常在没有充分了解自己的情况下做出决定。我们关注的是我们的选择会带来某些结果的可能性。概率思维刺激我们考虑这些结果产生的概率，也就是说，这些结果产生的可能性有多大？

这种心智模型依靠大量数学和逻辑来估算概率。对概率思维的全面综述将涉及对贝叶斯哲学、分布曲线以及马尔科夫逻辑网络、证据推理和论证理论等主题的讨论。这些主题远远超出了本书的目的。

我们可以把日常决策方面的概率思维归纳为：在决策时，一个结果的可能性对我们来说不如这个结果的概率有用。

假设我们打算购买一沓彩票。我们有中大奖的可能性，但这种概率是极其渺茫的。在这种情况下，中奖的可能性不会影响我们购买彩票的决定。但当我们考虑到中奖的概率微乎其微时，我们会理智地决定不买彩票。

和大多数心智模型一样，概率思维并不是万无一失的。就算我们能够区分大概率和小概率的结果，仍然会做出倒霉的决定。但是练习这种思维方式可以让我们获得一个更好、更有用的视角。

让我们把上述内容付诸实践吧。

练习12

让我们用"投资1万美元"的例子来进行练习。

当然，这个例子只是出于练习的目的。如果你目前正好在为一个重要的决定而苦恼，建议你用它来替换这个投资的例子。

（温馨提示：虽然这是本书中最耗时的练习，但值得你花时间去完成，因为这个练习展示了对于做出更好的决定非常有用的方法）。

和以前的例子一样，假设我们正在考虑如何投资1万美元。我们清楚自己有哪些可以选择的投资工具（例如，股票、债券、共同基金、期权等）。而且我们有一个明确的目标：长期资本增值。现在的问题是选择一种最能实现这一目标的投资工具。

首先，让我们应用第一性原理推理（上述第1种心智模型）来审视我们的投资目标。这样做要么会坚定我们对这一目标的信心，要么会证明这一目标是考虑不周的。下面是我们在使用这一心智模型时可能经历的过程：

我们："我打算投资1万美元。"

第一性原理推理（FPR）：为什么？

我们："为了让我们的钱变得更多。"

FPR：为什么想让你的钱变得更多？

我们："为了未来存点积蓄。"

FPR：你为什么想要为了未来存点积蓄？

我们："我想过上舒适的生活，不用为钱发愁。"

FPR：投资是唯一的方法吗？

我们："不是，我也可以把钱存入银行，或者藏在我的床垫下面。"

FPR：为什么不选择这样做呢？

我们："因为那样太慢了。"

当然，这是第一性原理推理的一个简单应用，但它演示了这种心智模型如何让我们将问题分解为最基本的组成部分。

其次，让我们应用逆向思维（上述第2种心智模型）。

第二部分
做出更好决定的14种策略

这次，我们关注的问题与我们想通过投资1万美元来实现的目标正好相反。我们将对这个问题进行逆向思考。我们先问问自己"我们不希望看到什么结果？"以下是一些可能的答案：

- 我们损失了所有的钱。
- 我们损失了很大一部分资金。
- 我们的投资经历了大起大落（高波动性）。
- 我们的投资年复一年地低于市场表现。
- 我们无法在需要时取回我们的钱。

通过以上问题，我们对于事件本身，以及所涉及的利害关系和相关的风险有了更好的了解。事实上，我们的答案可能会筛除掉一些可选项（例如，投资期权和期货、低价股票和垃圾债券）。

再次，我们将使用"奥卡姆剃刀"（上述第3种心智模型）。关于投资1万美元的问题，我们已经完成了大部分繁重的工作。但让我们再回顾一下。

我们认识到我们有很多可以选择的投资工具。事实上，从如此多的投资工具中做出选择是很困难的。应用"奥卡姆剃刀"可以简化决策。

一个投资工具的潜力与其设计的复杂性并不直接相关。

我们既有可能实现我们的目标（资本增值），又能避免我们通过逆向思维发现的不良结果，而不会被复杂的投资计划所困扰。例如，通过使用"奥卡姆剃刀"，我们认识到指数基金的表现与反向可转换债券、货币游戏和各种基于衍生品的投资一样好。"奥卡姆剃刀"与逆向思维相结合可以大大缩小我们的选择范围。

从次，我们再把二阶思维（上述第4种心智模型）应用于1万美元的投资决定。我们将从一阶决定开始，先问问"接下来会怎样？"以便确定可能的二阶结果。

假设我们发现一家几个季度公布的财务状况都非常良好的公司。我们先不要马上就购买该公司股票，而是问问自己"接下来会怎样？"一个可能的答案是，该公司吸引了其他投资者的大量关注。这些投资者成群结队地购买该公司股票，导致其价格上涨，远远超过了其内在价值。于是，该股票价格会被炒高，很容易出现下跌的情况。在这种情况下，一项形势大好的投资现在看起来远没有那么美好。二阶思维可以防止我们犯下代价高昂的错误。

最后，让我们运用概率思维（上述第5种心智模型）来评估我们拥有的众多投资工具：

- 股票

第二部分
做出更好决定的14种策略

- 债券
- 共同基金
- 期权
- 年金
- 商品
- 货币
- 加密货币
- 房地产
- 货币市场基金

每个选项都有资本增值的可能性，但只知道这一点对我们来说是无用的。首先，我们有可能会亏损（资本贬值）。其次，这种"知识"忽略了资本可能增值的幅度以及资本增值所需的时间。

为了对我们的1万美元做出明智的投资决定，我们需要评估特定结果的概率。假设我们希望我们的投资每年增长8%，并且以低波动性来实现这一目标。投资股票能实现这个结果的概率是多少？投资债券的概率有多大？投资共同基金的概率怎么样？投资期权的概率又如何呢？

我们可以研究每种投资类型的历史表现。虽然这种研究不能保证未来的表现，但它可以帮助我们做出合理的估计。

高效决策
做出明智决定的14个策略

我们可以通过研究得知特定结果的概率,从而决定如何运用我们的资金。注意这种心智模型是如何完全不考虑特定结果可能性的。

练习所需时间: <u>40分钟</u>

策略13：进行配对比较分析

> "做决定是困难的，因此也益发珍贵。"
> ——拿破仑·波拿巴（Napoleon Bonaparte）

在面对二选一的决定时，我们可以使用一些辅助工具来做出最明智、最有效的选择。前面几章已经介绍了实现这一目的最有用的几种工具。但是，如果我们有多个可选项，有些是相关的，有些是不相关的，我们又该如何取舍呢？我们怎样才能做出最佳的选择呢？

我们在前几章中讨论的大多数策略都会有所帮助。但有一个工具是专门为帮助我们处理这类情况而设计的：配对比较分析。

配对比较分析为我们提供了一种将一系列可能性系统地并列对照进行考虑的方法。它使我们能够在主观的评估标准下对相互冲突的、不同的选择进行比较。从本质上讲，配对比较分析使我们能够有效地把两件完全不相干的事情放在一起比较，从而做出正确的决定。

相对性如何影响我们的决定

我们很少脱离实际做出决定。相反，我们会考虑可能的结果，并通过比较不同的结果来对其进行评估。我们会权衡与每个结果相关的风险，估计每种结果发生的概率。

假设一个朋友悄悄对你说："我知道如何让你的钱每年增值15%。"鉴于历史上股票市场每年能带来10%的收益，这种说法听起来很诱人，但你应该理性地停下来寻找更多的信息。更多的信息使你能够将朋友的承诺与其他选择进行比较，并权衡随之而来的风险。

例如，你是否需要承担更多的风险来获得这种可能的更高资金收益？你是否需要承受更大的市场波动？你会不会在更长的时间内无法动用你的钱？又或者，假设你现在经营的业务每年享有25%的投资收益，你朋友的承诺如何能达到预期的要求？

这就是现实中相对性的概念，也是我们通常做决定的背景。我们根据选项之间的相互比较来评估它们。

假设给你一个选择：今天收到100美元，或者在未来的某个时间点收到更多的钱。你无法做出选择，因为你不知道将来会收到多少钱，也不知道你要等多久才能收到钱。但是，假设给你的选择是今天收到100美元或6个月后收到200美元。现在，我们就可以将这些结果相互比较，做出合理的决定。

现在，我们把这个问题变得更复杂。假设我们不只有2种可能的选项，而是有4个可以选择的选项，又当如何呢？

一个简单的配对比较分析的例子

在这个例子中，我们假设面临着以下4个选项：

选项A：今天收到100美元

选项B：6个月内收到200美元

选项C：1个星期内收到125美元

选项D：3年内收到1000美元

这4个选项的相关性在于背景相同，但在其他方面却彼此不相干，它们之间没有明确的联系。每个选项的回报率是不同的，因此我们对每个选项的评估标准一定是主观的。我们该如何做出正确的决定呢？

首先，我们需要创建一个简单的矩阵。我们可以用这个矩阵将每个选项对照其他选项进行排名。你可以在纸上做，但建议使用电子表格（谷歌表格是一个不错的选择），因为电子表格更容易按照需要进行修改。

将每个选项（选项A到选项D）列在矩阵最左边的一列和

最上面的一行。接下来，将多余的单元格涂抹掉（将其设为灰色）。矩阵的样子应该如下所示：

选项	选项A	选项B	选项C	选项D
选项A				
选项B				
选项C				
选项D				

下一步是建立我们的评价标准。如上所述，这个标准是主观的，因为我们的选择与任何量化标准都没有联系。下面是我们可能用到的两个标准：

1.我们对钱的渴望有多大

2.我们对钱的渴望有多紧迫

接下来，用我们的主观标准将每个选项与其他选项进行比较。在每个空白单元格中，输入你喜欢的选择。当你完成后，矩阵可能会是下面的样子：

选项	选项A	选项B	选项C	选项D
选项A		A	C	D
选项B			C	D
选项C				D
选项D				

最后一步是计算我们选择每个选项的次数,然后根据这个统计结果对选项进行排名。以下是按规则排名的数字:

排名1:选项D(选中3次)

排名2:选项C(选中2次)

排名3:选项A(选中1次)

排名4:选项B(未选中)

我们一眼就会发现,与其他选项相比,选择B的表现非常糟糕,而选择D明显胜出。

注意这种配对比较分析是一种简单的分析。你所面对的有多种选项的决策往往会更复杂。但是请放心,无论你需要对多少个选项进行相互比较,这个方法都将帮助你做出正确的决定。

让我们将上述内容用在(更多)实践中吧。

练习13

这个练习要求你在多种选项中做出抉择。这个练习不适合用于"二选一"的决定,例如,你该不该买房子,该不该辞去现在的工作,或者该不该攻读一个高级学位。配对比较分析适用于存在多种选项的情况。

假设你经营的一家企业,今年获得了巨大的销售增长。

高效决策
做出明智决定的14个策略

你现在需要决定如何最好地利用这笔意外的收入。下面是一些可选项：

- 偿还企业的债务
- 投资资本设备
- 给员工发奖金
- 开展一个大型的广告活动
- 扩大销售团队

由于存在多种可能的行动方案，决策变得复杂。配对比较分析将引导你做出正确的选择。

我将用屡试不爽的"投资1万美元"的例子的新版本来演示这个练习。但就和上一章的练习12一样，建议你使用实际的个人决定来代替这个例子。

假设我们有1万美元，而且打算把这笔钱花得有意义。我们有许多可供选择的方案：

- 投资
- 偿还高息的信用卡
- 买一辆新车
- 扩充应急资金
- 把钱存入储蓄账户
- 创办企业

第二部分
做出更好决定的14种策略

● 带全家去度假

这些选择之间互不关联。因此，没有唯一的客观标准来衡量和比较它们各自的优点。我们需要设计主观标准来评价每一个选项。我们设计的标准应该反映我们的优先事项。为了简单起见，我们假设只有两个标准：

1.有效地使用我们的资金

2.所需的时间和努力程度

下一步是创建一个决策矩阵。为了容纳我们的七个选项，这个矩阵包括八行八列。如下所示：

选项	选项1	选项2	选项3	选项4	选项5	选项6	选项7
选项1							
选项2							
选项3							
选项4							
选项5							
选项6							
选项7							

现在，我们将把每个选项（或选择）进行相互比较，并在空白单元格中记下胜出的选项。例如，用我们的两个主观标准来比较选项1和选项3：

高效决策
做出明智决定的14个策略

1. 投资

3. 买一辆新车

选项1满足了我们的第一个标准（有效地使用我们的资金）。选项3则不然，至少没有达到同样的水平。至于我们的第二个标准（所需的时间和努力程度），两个选项不分伯仲。两者都需要研究。

在这种情况下，选项1获胜，我们需要在对应的单元格中标明结果。在对所有可用的选项进行如此比较后，我们的决策矩阵可能会如下所示：

选项	选项1	选项2	选项3	选项4	选项5	选项6	选项7
选项1		2	1	4	1	1	1
选项2			2	2	2	2	2
选项3				4	5	3	7
选项4					4	4	4
选项5						5	5
选项6							6
选项7							

现在，让我们计算一下每个选项"获胜"的次数。以下是上述矩阵的结果统计：

选择1：胜出4次

选择2：胜出6次

选择3：胜出1次

选择4：胜出5次

选择5：胜出3次

选择6：胜出1次

选择7：胜出1次

根据统计，我们可以看到，基于我们的两个标准，选择2（还清高息信用卡）明显占了上风。请注意，比较标准的改变将有可能导致结果的改变。

练习所需时间： 25分钟

策略14：跟随个人价值观的引领

> "当你认清自己的价值观时，就不难做出决定。"
> ——罗伊·E. 迪斯尼（Roy E. Disney）

我们的决定源于我们的价值观，即使我们从未有意识地思考它们。例如，我们决定吃垃圾食品，是因为在那个特定的时刻，我们更看重食物的味道和糖分的摄入，而不是我们的健康；我们决定打个盹，是因为在那一刻我们更看重打盹的好处（提升精力、改善情绪等），而不是其他活动的好处。

正如作家马克·曼森（Mark Manson）曾经说过，"我们做的都是自己所看重的事"。

我们经常本能地做出这样的决定。例如，没有人会通过配对比较分析来决定是吃甜甜圈、纸杯蛋糕还是沙拉。当我们看到某种食物，就会产生对它的渴求，一定要吃到它。

但这并不意味着我们不能利用自己的个人价值观，缜密科学地做出正确、有效的决定。这样做的好处是，我们会满怀信心地行动，因为我们的决定会自然地与我们的信仰、信念和优先事项保持一致。

在我们进一步讨论之前，让我们先来定义一下什么是个人价值观。

个人价值观简述

我们的价值观定义了我们如何看待周围的世界。价值观决定了什么事情在我们看来是意义非凡的、合乎道德的、德行高尚的和至关重要的。价值观是我们评估自己的行动、行为和决定是否诚实正直的原则。价值观是我们做一切事情的主要动力。

当我们的行为与个人价值观相一致时，我们会感到圆满。我们会体验到一种满足感。即使我们的决定导致了不理想的结果，只要这些决定符合我们的价值观，我们也会感到宽慰。相反，如果我们的行为有悖于我们的原则，我们就不会感到心安理得。我们会体验到一种不和谐的感觉。即使我们的决定带来了良好的结果，也会于心不安。

基于价值观所做出的决定的价值

如果我们从自己的核心价值观出发，就能更容易做出决定。我们的价值观会根据对我们有意义和重要的东西来确定目标的优先次序，让我们明确自己的目标。同样，价值观还可以用来指导我们的选择，实现自己的目标。

假设你打算辞去你的工作。虽然这份工作薪水很高，但是压力大、时间投入大。你通常需要每周工作65~70个小时，几乎没有时间或精力去做任何其他事情。

辞职是正确的决定吗？也许是，也许不是。

比方说，你的价值观是以金钱为中心。对你来说，积累财富排在第一位，再没有什么目标比这更重要。在这种情况下，如果你在其他地方能获得更高薪的工作，辞职是合理的。另外，为了享受更多的自由时间而辞职会与你的价值观相冲突，你会因此感到意难平。

现在，我们换个角度来看。假设你重视与家人在一起的时间胜过其他的一切。钱虽然是好东西，但比起与伴侣和孩子一起度过的美好时光，就显得不那么重要了。在这种情况下，为了有更多时间照顾家庭而辞职符合你的价值观。哪怕你赚的钱比以前更少了，你却更有可能会对自己辞职的决定感到满意，这是因为你的决定符合了你的原则。

这就是为什么用个人价值观指引我们的决定很重要。如果追求最佳结果意味着在此过程中会牺牲我们的原则，那就是舍本逐末。

的确，我们在做决定时应该寻求相关的数据，应该权衡与选择相关的实际利弊，应该避免认知上的偏见，并始终质疑我们的假设。但归根结底，我们应该使用我们的核心价值观来评估自己选择的优缺点。只有这样，我们才能体验到按照我们的根本信仰、标准和信念行事所带来的满足感。

现在，让我们确定指导我们决策的价值观应该包括哪些。

如何创建个人核心价值观清单

我们的个人价值观延伸到生活的各个方面。有些与我们的行为有关，例如诚实、同情心和善良；有些价值观与重要的问题或事业有关，例如社区发展、公民责任和动物权利；还有一些价值观与我们的工作有关，例如责任心、效率和勤奋。

我们可以——而且应该——在生活的方方面面（家庭、工作、交友等）秉持几十种价值观。但重要的是，我们要确立由五六种价值构成的核心价值观。这样的核心价值观可以让我们明确自己的选择，不会因为犹豫不决而错失良机。

为了凸显这套核心价值观，我们首先要列出一份详尽的清单。网上有许多这样的清单（可以用谷歌搜索"价值观清单"）。一旦你找到这样的清单，请拿起身边的纸和笔细细研读。记下那些对你特别重要的价值观，数量最多不要超过15个。

当你读完了网上的这份详尽的清单，再检查一下你记下来的条目。现在，把它缩减到五个或六个核心价值观。这可能是一项艰巨的任务，因为你写下的每一个价值观对你来说都很重要。但创建一份在决策中能实际使用的可管理的价值观清单，值得我们为之而努力。

为了精简你的清单，回忆一下你的经历，你所列出的价值观对你产生过的积极影响。想一想过去那些让你感到满意和自信的决定，哪怕结果并不理想。想一想你所崇拜的人，以及他们经常展现出来的性格特征。思考你的高优先级目标，问问自己为什么这些目标对你很重要。

通过这个过程，你会逐渐将你写下的价值观精简成一份可管理的包含五六种价值观的清单，这就是你的核心价值观清单。你可以用这些价值观来评估自己的决定是否符合你心目中的意义和原则。这些价值观将最终使你对自己的选择充满信心。

让我们把上述内容付诸实践吧。

练习14

这是一个快速而简单的练习。你需要自己的个人核心价值观清单才能完成这个练习。如果你还没有按照上面的介绍创建核心价值观清单，建议你现在就去做。在这个练习中，我将使用以下的个人价值观清单进行演示：

- 同情
- 可靠
- 谦虚
- 公正
- 诚信

第一，想一想你目前面临的或最近正在苦恼一个重要决定。写下你所有的可选项。

第二，思考这个决定本身是否符合你的核心价值观。假设你几个月前就答应了家人，要在夏天带全家去度一个价值不菲的假期。但随着夏天的到来，你现在很想大幅度地缩减费用，把节省下来的钱花在自己身上。

审视你的核心价值观清单。这个决定是否符合这些价值观？削减假期的费用也许不一定与你的同情心或节约意识相冲突，但它确实无法证明你是可靠和值得信赖的，也可能有违你的公平观念。鉴于这些可能的偏斜,你应该打消这个决定。否则,它将让你良心难安。

第三,让我们用核心价值观清单来检验我们的选项。假设你计划带家人去度假,但度假的预算费用还没有定下来。减少度假的开销并不与你的价值观相冲突,因为在这方面你没有做出过任何承诺。以下是一些关于如何使用节约下来的经费的选项:

- 充实你的家庭应急资金
- 还清你的信用卡
- 维修房子的屋顶
- 买一块昂贵、华丽的新手表
- 购买一套新的电动工具

用你的核心价值观来衡量每个选项的优劣。问问自己,这些选项是否违背了任何一条价值观。

例如,把省下来的钱用于充实你的家庭应急资金是负责任的做法。还清你的信用卡也是明智之举。修理房子的屋顶也算得上是精打细算。反过来,购买一块昂贵的、华丽的新手表也许会不符合你的节约观念。而购买一套新的电动工具可能会不符合你的公平观念(你的家人不大可能从中受益)。

在这个练习中,我们的核心价值观清单帮助我们缩小了选择范围，简化了我们的决定。更重要的是，它保留下了让我们感到心安的选项。

练习所需时间： <u>15分钟</u>

第三部分

如何优化你的决策结果

第三部分
如何优化你的决策结果

本书已接近尾声,最后的这一部分会比较简短。因为你已经掌握了做出有效决策所需的所有工具,这些决策能够持续产生良好结果。在本章中,我们将针对简化决策过程提供一些额外的思路。

对许多人来说,做决定是一场旷日持久的斗争。我们会被干扰,难以在那些看起来同样诱人的选项中做出选择。我们会怀疑自己。有时,我们面临太多可行的选项,以至于因无法抉择而丧失行动力。有时,决策的过程会让我们变得感情用事。不仅如此,做决定还会让我们感到心力交瘁、焦虑不堪、筋疲力尽。

本章可以帮你缓解这种压力。我们将介绍几个实用的技巧,帮助你更快更好地做出决定。你不再需要绞尽脑汁便能满怀信心地做出选择。

接下来我们将总结之前所学习的所有要点,但我们会以全新的视角来看待它们。另外,我们还会提供一些你可以现学现用的小技巧,助你无畏无憾地做出决定。

在本章的最后,我们将简要介绍如何创建反馈循环。反馈循环是决策过程中不可或缺的一部分,但往往被人们忽视。

  反馈循环能证明我们的选择是否有效,并引导我们做出调整,最终在未来产生更好的结果。

帮助你更快做出决定的10个小技巧

> "当机立断是一把利刃,斩钉截铁、干净利落;优柔寡断是一把钝刀,斩不断理还乱,留下参差不齐的边缘。"
>
> ——戈登·格雷厄姆(Gordon Graham)

本章介绍的技巧尽管乍看之下可能各不相同,但是它们都有一个共同的目的——加快你的决策速度。

当然,快速做出的决定并不总是会比缓慢做出的决定好。许多决定都值得深思熟虑和仔细审查。但很多时候,当我们面临艰难的选择时,我们会无谓地拖延。这种倾向可能源于恐惧、缺乏信心、感情用事,或者单纯是由于我们所面对的信息太多。不管是什么情况,下面的技巧都能帮助我们保持专注,事半功倍地做出理性、有效的决定。

技巧1:给自己一个时间限制

没有时间限制的工作为分心打开了方便之门。如果没有最后期限,我们就会把手头的事情放在一边,追求能够让自己获得即时满足感的活动（例如，社交媒体）。我们就会拖延。

为你要做的每一个决定设定一个时间限制。（对于需要快速做出的决定，使用手机上的计时器来保持你的进度。）根据你所做决定的类型，确保时间限制既是合理的又是积极进取的。

例如，对于不重要的决定（如晚餐吃什么）只需三分钟就够了。更重要一点的决定（例如，是否开创一项特定的副业），留出一到两个小时的时间来思考。真正重要的问题（例如，结婚、找新工作或购买新房），要留出一到两个星期的时间来考虑。

关键是要设定一个能激励你避免拖延、不断前进的最后期限。

技巧2：摒弃琐碎的决定

在"第一部分：了解我们的决策过程"中，我们特别提到了每天要做出的众多选择。这些选择中有许多是微不足道的，尽管它们在当时看似很重要。例如，上文曾提到，专家说我们每天仅在关于吃什么的问题上就要做出多达200个决定。

第三部分
如何优化你的决策结果

仅仅因为我们需要做出一个决定，并不意味着它值得深思熟虑。事实上，很大一部分决定都不值得我们为之花费太多时间。以下是我自己生活中的几个例子：

- 午餐吃什么
- 购买哪种类型的辣根酱
- 居家办公时穿哪件衬衫
- 今天还是明天去给车更换机油
- 去哪家便利店买东西

诸如此类的决定还有很多。这些选择在当时对我来说看似很重要。但隔段时间再看时，与其他问题相比，它们显得微不足道。

最好的做法是淡化它们。例如，去便利店时，我不再考虑要买哪种类型的辣根酱，我会随便拿一个就走。因为我不是一个辣根酱鉴赏家，所以选择再多对我来说也没什么价值。

技巧3：将决定简化为"好"或"不好"

有些决定值得我们花时间和精力，但既不关键也不紧急。我们可以考虑它们，但要避免思虑得太多。一个方法是将我们的选项简单定义为"好"或"不好"。

我们无须进行"可行或不可行"评估（策略6），制定一份加权的利弊清单（策略7），或进行配对比较分析（策略13）。这些不太重要的决定不值得我们为之大费周章。相反，我们只需要基于"好"或"不好"的标准来评估这些选项就够了。

假设你正在考虑去哪家餐厅吃饭：是去一家新的地中海餐厅，还是一家本地的小餐馆，或者一家牛排馆。根据你的心情、喜好和条件（预算、可用时间等）来决定这几个选项是"好"或"不好"。如果你非常想吃牛排，牛排馆可能会赢得你的青睐；如果你想尝试一家新餐厅，地中海餐厅可能会成为首选；如果你的时间很紧张，本地的小餐馆可能会得到你的光顾。

同样，关键点在于要迅速做出这些决定。根据我们的心情、喜好和条件，将选项简单地重新定义为"好"或"不好"，可以防止我们纠结于它们。

技巧4：设计默认选项

理查德·塞勒（Richard Thaler）和卡斯·桑斯坦（Cass Sunstein）在他们的书《助推》（*Nudge*）中提出了"选择架构"（choice architecture）这一术语。选择架构的前提是：消

第三部分
如何优化你的决策结果

费者的决定受到其环境的影响。企业可以通过创造一种最小化偏见的环境来推动消费者的决定。

为实现这一目的而采用的工具之一是所谓的"默认效应",这种效应描述的是人们选择默认选项的倾向。默认选项基本上是为我们量身打造的,可以极大地减少我们在选择时要耗费的心力。

作家詹姆斯·克莱尔（James Clear）认为,我们可以用这个方法来改善我们的日常决策。他把这种做法称为"设计默认选项"。

这里有一个简单的例子：假设你正在看电视,突然很想吃甜甜圈。你家里没有甜甜圈,所以需要开车出去买。不过,你的厨房里有很多健康的零食,如杏仁、酸奶和苹果,这些选择就是你的默认选项,因为它们近在眼前,触手可及。

结合这样的一些默认选项来设计我们的环境,就可以更快地做出决定。而且,有了预先的考虑,这些决定对我们来说会更健康、更有利,并最终更有效果。

如果我们有随身携带水瓶的习惯,结果就会是喝水而不是喝碳酸饮料；如果我们工作时关闭手机,结果就会是专注工作而不是被短信、电子邮件和电话干扰；如果我们不在家里存放含糖的零食，结果就是我们会吃更健康的零食（或完全不吃零食）。

设计默认选项基本上可以为你打造一个能替你做决定的环境。

技巧5：学会见"好"就收

早在20世纪50年代，认知心理学家和诺贝尔经济学奖获得者赫伯特·A.西蒙（Herbert A. Simon）就提出了一个创新的观点：满意决策模型。[1]其要点是，在做决定时，往往要见"好"就收。由于最优的选择需要更多的资源（时间、精力、资本等），次优的选择有时比最优的选择更有利。只要我们的要求能得到满足，一个次优的选择就算得上是一个好选择。而能做到"好"往往就够了。

假设我们打算购买一辆新车。我们的要求很简单。车子必须性能可靠，油耗低，空间大，具备特定功能（蓝牙，加热座椅，远程启动等），许多车型都能满足这些要求。如果我们使用满意决策模型，就能很快从众多车型中选择一个，而不会纠结于我们是否做出了最佳选择。

---

[1] https://en.wikipedia.org/wiki/Satisficing

满意决策模型的优点是，我们会自信地快速决策。而且，根据西蒙的研究，作为快速决策的一种奖励，我们实际上会对自己的决定更加满意。

技巧6：依靠基于经验的直觉

我们的直觉，就其本身而言，是不可靠的。没有原始经验的支持，直觉最终只是直觉，和猜测没多大区别，这使得直觉成为一个不可靠的决策工具。

尽管如此，如果我们把直觉与经验相结合，它就会成为一个非常实用的工具。我们可以依靠直觉满怀信心地做出快速、有效的决定。

根据哥伦比亚商学院教授《战略直觉：人类成就中的创造性火花》（Strategic Intuition: The Creative Spark in Human Achievement）一书的作者威廉·杜根（William Duggan）的研究，直觉分为三种类型：普通直觉、专家直觉和战略直觉。普通直觉是我们的内心感受。专家的直觉是我们对熟悉环境的认识，这种认识源于我们的经验，它使我们能够迅速评估不同的或相互冲突的行动方案的优点。

战略直觉同样源于经验。但它不是帮助我们在熟悉的情况下采取行动，而是让我们在不熟悉的情况下采取行动。当我们需要在陌生的情况下做出决定时，战略直觉会帮助我们融会贯通，制定出一个可行的战略。

在前文中，我建议在做重要决定时不要依赖我们的直觉。现在，我仍然坚持这一建议，特别是不要依赖我们的普通直觉。

但是，对于我们根据经验可知的十分熟悉的问题，如果需要做出决策，我们可以（也应该）相信我们的直觉。在快速决策时，我们可以依赖我们的专家直觉。而在做出需要时间思考和运用流程化方法的决策时，我们应该依靠我们的战略直觉。

技巧7：应用10/10/10规则

有效决策最常见的绊脚石之一是我们的情绪状态。这也是为什么人们普遍建议对重要决定"考虑一晚上"的原因。否则，我们可能会草率地做出选择，并在事后为自己的选择感到后悔。

当然，一晚安眠并不总是足以让我们做出理性、正确的决定。我们有可能睡得很好，但由于我们的感情用事，第二天仍然做出追悔莫及的选择。

10/10/10规则能抑制我们在决策中感情用事的倾向。它迫

第三部分
如何优化你的决策结果

使我们仔细考虑我们在历经了不同的时间之后会对当初的决定作何感受：

- 10分钟后
- 10个月后
- 10年后

以这种方式衡量我们的感受，有助于我们在选择中避免掺杂情绪的因素。这种方法给了我们喘息的空间，不用纠结于选择带来的短期影响。

假设你正在考虑是否要休一个长期以来需要的假期。由于工作上的压力，你迫切需要放松自己。然而，考虑到自己的工作职责，你倾向于放弃休假。你脑海中有一个细微的声音暗示着你，如果你不在，事情就会变得一团糟。

在这种情况下，你的决定受到了情绪的影响。恐惧和焦虑控制了决策过程。因此，假设你已经打定了去度假的主意，问问自己下面几个问题：

- 10分钟后，我的感觉会如何？
- 10个月后，我的感觉会如何？
- 10年后，我的感觉会如何？

10分钟后，你可能仍然会感到恐慌或焦虑。这源于你的短期情绪状态。

10个月后，你几乎肯定会庆幸自己的休假决定。这个假期可以减轻你的压力，提高你的生产力，改善你的情绪，并激发你的创造力。

10年后，你回过头来看，会对现在的困境嗤之以鼻。10年后，你的事业可能已经发展到了一定高度，过去的"困境"对你来说已经微不足道。你甚至可能已经换了不同的职位，也许已经任职于一个不同的公司或组织。

10/10/10规则可以通过管理我们的短期情绪，将"困难"的决定变成容易的决定。

技巧8：避免选择的悖论

在"策略10：抛开沉没成本谬论"一章中，我们探讨了机会成本。简而言之，我们投入一项工作的资源不能再投入其他工作中。未被我们选中的工作就成为与我们的决定相关的机会成本。

选择的悖论承认这种现象是决策过程中的一个障碍。这个术语是由心理学家巴里·施瓦茨（Barry Schwartz）在他的《选择的悖论：多即是少》（*The Paradox of Choice: Why More Is Less*）一书中提出的。施瓦茨指出，拥有众多的选择看似是一种优势。但矛盾在于，当我们被迫只能从中选择一个时,这种"优势"就变成了麻烦。事实上,根据施瓦茨的说法,这不仅使我们感到焦虑,而且在做出选择后,我们不可避免地会因为在这个过程中放弃了一些选择而感到后悔。

假设你去一家便利店买一瓶沙拉酱。你在店里看到了几十种沙拉酱。由于不确定该选择哪一种,你开始感到焦虑。你站在过道上盯着满满的货架,内心犹豫不决。最后,你选择了一个。但就在你做出决定的那一刻起,便开始因为其他你没能选择的沙拉酱(机会成本)而感到后悔。

这就是选择的悖论。有可以选择的对象就意味着有选择的自由,这很好。但是太多的可选项会造成犹豫不决、焦虑、无能为力,最终导致后悔。

加快我们决策的一个方法是彻底避免这种现象。当你面对众多的选项时,应该当即忽略其中的大多数,将注意力集中在两三个最可行的选择上。让我们回到刚才的便利店。尽量无视货架上95%的沙拉酱。相反,只关注你过去喜欢的几种品牌。选择一种,然后不要惦记其余的品牌。你便能快速地决定,得到可靠的结果,不留遗憾。

技巧9:寻求帮助

这可以说是最简单也是最容易应用的一个的技巧。

如果你难以做出决定，可以征求他人的意见，从而获得不同的人的观点。刚开始，你可能以为我们向其征求意见的人一定要知识渊博，经验丰富，或者对手头的事情驾轻就熟。但情况并非如此。

根据哈佛大学心理学教授、作家丹尼尔·吉尔伯特（Daniel Gilbert）的说法，针对我们关于一个特定决定的感受，一个随机选择的人往往也可以提供有益的见解。这个人不需要和我们有相似之处。他或她也不需要经历过我们的特定情况。吉尔伯特在他的《邂逅幸福》（Stumbling on Happiness）一书中提出，即使是随机选择的人也可以帮助我们预测自己对决定所产生的结果的感受。征求他们的意见可以获得有用的见解。

简而言之，如果你陷入了困境，就去找人帮忙。咨询朋友或同事的意见。如果他或她在这个问题上有经验，很好。如果没有，也没关系。无论怎样，你都会受益。

技巧10：坦然接受失败的可能性

没有人能永远保证成功。即使我们仔细研究了自己的选择，一丝不苟地运用了本书所提供的策略，结果总是存在着不确定性。就算我们可以将与自己决定相关的不确定性降到最低，也很少能彻底消除它。

如果不加控制，这种不确定性不可避免地会导致自我怀疑和犹豫不决。因为我们害怕自己的选择会产生令人后悔的结果，相互冲突的选项会耗费我们更多的时间。我们会陷入对情况的过度思虑之中。因此，一个本来可以迅速做出的决定，最终花费的时间、努力、精力和脑力会远远超出必需。

这里有一个简单的技巧，可以帮助我们更快做出决定：坦然接受失败的可能性。一旦我们尽到了自己的最大努力去降低出现不利结果的可能性，我们就应该勇往直前。

坏的结果总会发生，有时注定无法避免。与其过度思考一个决定，因为恐惧而无法动弹，我们不如坦然接受最终结果的不确定性。只要我们采取了合理的措施来确保良好的结果（例如，使用本书第二部分中的策略），我们就应该大胆向前迈进，而不去考虑是否会产生坏的结果。

以上10个技巧旨在帮助我们自信地快速决策。但请注意，没有一个技巧建议我们应该鲁莽行事。相反，我们仍应花时间适当考虑我们的条件、局限和目标。为此，我们应该问自己几个问题，以明确我们希望实现的目标，并确保我们能始终专注于自己的目标。

我们将在下一章介绍这些问题……

每次决定前必问的10个问题

> "在做出决定的那一刻,你的命运就已经注定。"
>
> ——托尼·罗宾斯(Tony Robbins)

在我们做决定之前向自己发问,可以起到两个重要的作用。第一,它能使我们摆脱不切实际的、理想主义的观念。它迫使我们把注意力集中在现实的目标和实现这些目标的可行方案上。

第二,它能减少决策所带来的焦虑感。回答这些问题可以激励我们对自己的情绪、目标、偏见、价值观,甚至是选择可能带来的后果变得务实。坦率面对这些问题可以增强我们的信心。我们的答案要么会验证我们的推理,推动我们继续前进,要么会暴露出需要更多思考的问题。

请做好心理准备,我们将快速介绍这些问题。毫无疑问,你会发现有些问题是很直观的。有一些问题是我们之前讨论过的概念,只是背景略有不同。无论怎样,都没有理由再去过多地论述这些问题。但在这一章我们把它们整理到一起，是为了给你一份"备忘单"，供你在面对艰难决定时参考。

让我们开始吧……

问题1：我想实现什么？

有时，我们沉浸在决策的细枝末节中，以至于忽略了大局。这一问题的解决之道就在于下面几个能够凸显我们目标的问题：

- 我的目标是什么？
- 我理想的结果是什么？
- 我为什么要做这件事？
- 我是为谁而做？

（是的，我把这个单一问题拆解成了四个问题。所有问题都是为了回答最重要的那个问题。这种做法很有效，因为它鼓励我们自省，并能带来可付诸实践的想法。温馨提示：我们之后还会用到这种办法。）

问题2：如果我不做这个决定会怎么样？

我们常常在做决定时忘记考虑必要性的问题。你有没有停下来问过自己：

- 如果我不做这个决定会怎么样？
- 如果我什么都不做，会有什么遗憾吗？

你可能会发现这些问题的答案能给你带来启发。它们甚至可能促使你重新评估决定本身的必要性（这个过程可以为你节省时间、精力和其他资源）。

问题3：我能够承受多大的风险？

正如我们所讨论的，每个决定都伴随着不确定性。无论我们的调查多么仔细，分析多么详尽，都不可能完全预测结果。这意味着我们每次在互相冲突的选项中做出选择都要冒一定的风险。问问你自己：

- 我能承受多大的风险？
- 如果事情按我的预期发展，与某一特定选项相关的风险与可能的回报是否相称？
- 风险水平在哪一刻会变得无法承受？

有效的决策不应该像在赌场里玩轮盘赌或百家乐。我们的每一个选择都应该是在权衡了可能的后果和预期收益之后，最为合理的和实际的选择。

问题4：哪些个人偏见损害了我的观点？

我们在"影响我们决策的10种认知偏见"一章中讨论了妨碍决策的常见偏见。现在，我们需要把那些我们饱受其困扰的偏见暴露出来。仔细阅读那一章的内容，问问自己：

- 我是否有这些偏见？
- 偏见如何影响了我的决定？
- 如果我无视这些偏见，我的观点可能会有什么变化？

很多时候，我们在做决定时没有意识到自己的个人偏见。提出并回答这些问题会促使我们排除个人偏见的干扰。

问题5：如果做出了这个决定，我的感受会如何？

造成令人后悔的决定，其主要原因在于我们在做决定时的情绪状态。我们对环境的心理反应常常导致我们做出明显有悖于长期目标的不明智的选择。

例如，我们看到甜甜圈时马上就忍不住想吃。即使知道吃了甜甜圈会打破我们的减肥计划，我们还是会吃。再比如，我们被一个人的外貌所吸引，即使我们明知道两个人不合适。但在欲望的刺激下，我们还是和那个人约会了。在这两个例子中，我们注定会为自己的决定而后悔。

在上一章中，我们学习了10/10/10规则（技巧7）。我们可以使用这个方法来避免由于刺激和经验的心理反应而做出不谨慎的决定。回想这个方法要求我们问自己的问题：

- 10分钟后，我的感觉会如何？
- 10个月后，我的感觉会如何？
- 10年后，我的感觉会如何？

这些问题可以抑制我们当前的情绪，促使我们考虑更长远的问题。仅此一点就能防止我们草率地做出带来不利结果的选择。

问题6：我的决定可能会造成什么后果？

每一个决定都伴随着后果。如果我们没有仔细研究这些后果，就会盲目地行动。这会给我们带来压力和焦虑，反过来又会导致犹豫不决。或者更糟的是，我们不清楚或不关心我们的选择会产生什么后果，在蒙昧的状态下便做出决定。

这两种情况会造成问题。好消息是，以上两种情况都可以轻易避免，只要我们在决定行动方案之前问自己两个简单的问题：

- 选择这个选项的后果是什么？
- 为了实现我的目标，这些后果值得承担吗？

假设你打算投资1万美元。一个直接的后果是你将不能用这笔钱买一辆新车。鉴于你的目标是存钱,你可能会愿意承受这个后果。

这两个简单的问题在我们可能会犹豫不决时,有助于坚定我们做决定的信心。

问题7:我的决定是否符合我的价值观?

我们在"策略14:跟随个人价值观的引领"一章中讨论了基于价值观做决定的重要性,所以这里不再赘述。尽管如此,这个话题是一个有用的方向标,因为它能指引我们提出建设性的问题,帮助我们做出满意的选择。

在做出重要决定之前,问问自己以下几个问题:

- 我的基本原则是什么?
- 这个选项是否符合这些原则?
- 如果选择这个选项,我会怎么样看待自己?

假设你的核心价值观之一是同情心。现在,一个熟人遇到了困难向你借钱。你本来可能会对他的请求犹豫不决。但如果借钱给他契合了你的同情心,你可能会认为这样做是正确的选择。

问题8：我该给自己留多少决策的时间？

我喜欢这个问题。它纠正了我过度思考的习惯。而且，它促使我在可能进行不必要的细节纠缠时采取行动。

在做出决定之前，问问自己：

- 我该给自己留多长时间来做出决定？

这个问题让我们回想起在"策略11：识别并避免信息过载"一章中讨论的话题。在那一章，我们探讨了设定时间限制以避免信息过载的重要性（第4步）。现在，我们用同样的策略来避免迟疑和拖延。

通过询问你会给自己多少决策的时间，你可以设定一个合理的期限，给自己施加有益的压力。这个期限可以防止你无谓地推迟做出决定。

问题9：换位思考，我将如何建议他人？

想象一下，某人正在为你所面临的决定而苦恼。如果这个人来征求你的意见，你会告诉他或她怎么做？

这种练习很实用，因为为别人的选择提供建议比自己做出这种选择要容易。原因是我们在某种程度上觉得事不关己，就不会在这件事上感情用事。因为我们的头脑没有被情绪所蒙蔽，可以更容易地做出理性的决定。

因此，如果你正在为一个艰难的决定而苦恼，问问自己：

- 如果有人处于和我一样的困境，我将如何给他建议？

这个问题可以排除我们对环境的心理反应。它可以帮助我们根据数据而不是短暂的情绪状态做出合理的、有效的决定。

而这恰恰把我们带到了最后一个问题……

问题10：我目前的情绪状态如何影响了我的观点？

关于情绪在决策中的作用，我们在本书中已经探讨了很多。根据情况不同，我们的情绪既可以成为障碍，也可以是助力。情绪会触发我们的偏见，导致优柔寡断，也可以刺激我们去研究对我们很重要的事情。

因此，在做出任何重要决定之前，不妨问问自己：

- 此刻我的情绪如何？
- 这些情绪如何影响了我的决定？

这两个问题迫使我们承认自己当前的情绪状态，并评估它是在帮助还是阻碍我们的决策能力。我们是否感到烦躁、恐惧或充满敌意？我们是否感到鼓舞、自信和乐观？这些情绪会对我们产生巨大的影响。如果不加以审视和管理，不管是好是坏，它们都会在我们的决定中发挥关键作用。

上面的大多数问题都非常简单，你可以马上就做出回答，但不要低估它们的价值。你会发现这些问题能扩大你对自己思维的认识，从而改善和加速你的决策效率。

现在我们来到了本书的最后一章。这一章相对较短，但涵盖了一个对提高我们长期决策能力至关重要的主题。

如何创建反馈循环

> "你的情绪让你难以接受艰难的决定。"
> ——约翰·C. 麦斯威尔（John C. Maxwell）

反馈循环存在于我们生活的各个方面。不论是工作场所、家庭还是社交媒体，它们的身影都会出现。它们也存在于我们与朋友、家人、客户和服务人员的互动中。反馈循环无处不在，哪怕我们没有立即意识到它们。

有时，人们会根据特定的目的来设计各种反馈循环。例如，企业经常创建反馈循环作为衡量业绩的一种方式。有时候，在我们了解到自己行为的积极和消极影响时，反馈循环还会有机地发展。我们与朋友和亲人的互动过程往往就属于这种情况。

在做决定时，我们可以创建起到类似作用的反馈循环。这些循环可以帮助我们根据它们各自的效果来评估我们的决定，并在必要或情况有利时对我们的决策过程进行调整。

想象你正在下棋，你的每一步棋都会产生反馈，因为接下来的一步棋就轮到你的对手了。这种反馈表明了你的前一步棋让你在棋局中是占领先机还是落于下风。棋局结束时，你可以根据这些反馈来复盘自己的表现，并调整策略，以便在未来取得更好的战绩。这就是实践中的一种简单的反馈循环。

下面，我们将探讨两种主要的反馈循环。然后，我们将练习创建一个反馈循环，用它来评估我们的决定，并最终提高我们的决策能力。

两种反馈循环

反馈循环有两种类型：增强循环和调节循环。两者都很有用。

增强反馈循环也被称为正反馈循环。它们"强化"并放大现有系统的效果。假设你将一千美元存入银行的储蓄账户，这笔钱会产生利息，赚取的利息被添加到账户中，本金的金额变大了。然后这个新的、更大的本金金额继续产生利息。复利是一个增强反馈或正反馈循环的例子。

调节反馈循环通常被称为负反馈循环。它们抵消了现有系统的影响。例如，想一想自己家里调节空调设备的恒温器。在炎热的日子里，当温度计达到一个预定的点时，空调就会打开，让屋子里变得凉爽。当制冷的温度下降到另一个预定点时，空调就会关闭。恒温器是一个调节循环或负反馈循环的例子。

搞清楚了上述两种类型的循环之后，我们就可以创建一个简单的反馈循环，提高我们的决策能力。

创建有效反馈循环的4个步骤

没有必要将这个过程过度复杂化。每个反馈循环都由四个基本步骤组成（第4个步骤往往不需要采取任何行动）。

1.数据收集

2.数据分析

3.数据评估

4.方向修正

我们来快速了解一下每一个步骤。

第1步：收集决策后的数据

所有的决定都会产生影响。这一步的重点是收集这些影响的相关信息。

假设我们开始了一个力量训练的健身计划。这个健身计划带来的影响是我们的体重、身体（脂肪与肌肉）以及我们能够举起的重量的变化。

为了了解我们选择的健身计划是否产生了预期的结果，我们必须收集这些数据，以便进行分析。为了简化这一过程，我们可以写健身日记，每天或每周记录这些指标。

第2步：分析数据

一旦收集了基于我们的决定产生的数据，我们就需要对其进行研究。我们的目标不是要把数据变成有意义的观点，只是想以这样一种方式来组织数据，以便我们能够根据步骤3中的预期来衡量结果。

以力量训练为例，我们需要计算出在过去30天里我们所减掉的体重，要记录我们每周的身体成分比例。除此以外，还要记录每周我们能够举起的重量的增加情况。

我们可以很容易地在健身日记记录的指标中找到这些数据，在对其进行计算后，就可以将结果与预测进行比较。

第3步：根据预期来衡量结果

对于所做的任何决定，我们都会有一个预期结果。我们凭直觉感知到结果是不确定的。但是，如果我们研究所有选项，并使用相关且基于事实的信息从这些选项中做出明智的选择，系统地处理所有决定，我们就能自信地预测结果。

在这一步中，我们将实际结果与预期结果进行比较。

如果它们相符，说明我们早前的决定是有效的。如果它们有偏差，尤其是相差悬殊，则表明我们早前的决定是不切实际的，未能达到我们的预期。

以力量训练为例，我们可能会开始实施自己拟好的健身计划，并期望在30天后达到以下目标：

- 减掉8磅体重
- 体脂率降低到21%
- 仰卧推举重量增加25磅

将这些预期结果与健身日记记录中计算出的数字（即我们的实际结果）进行比较。如果数字吻合，非常好！如果不吻合，我们可能需要调整自己的健身计划。在这一过程中，我们学会了如何在健身这个领域做出更好的决定。

第4步：考虑可能的方向修正

修正方向是为了根据已有的经验来改善未来类似决定会产生的结果。进行修正可以实现反馈循环的闭环（尽管在下一次决定时会重新开启反馈循环）。

假设在30天后，我们的力量训练健身计划产生了以下结果：

- 我们减掉了6磅
- 我们的体脂率降到了25%

- 我们能够举起的重量增加了20磅

这些都是积极的结果，但它们与预期不符。因此，我们应该回到我们最初的决定（例如，我们制订的计划），并找出差异的原因。

我们也许应该在每周的训练中再增加一天的力量训练（例如，将每周锻炼三天改为四天），也许应该每周安排两天来进行高强度间歇训练，而不是一天，也许应该增加卧推的组数和重复次数。

注意这个反馈循环是如何利用结果来暴露我们早期决定的缺陷的——在这个例子中就是我们最初制订的健身计划。而且重要的是，反馈循环引导我们做出调整，以便接下来能够产生更好的结果。同样，这个过程有助于我们在做相同类型的决定时变得更加游刃有余。

如何优化你的决策反馈循环

我们需要两个基本要素来确保反馈循环发挥作用：

1. 记录数据的方法
2. 快速分析和测量数据的能力

记录数据的方法可以和力量训练例子中的健身日记一样简单。在健身日记中，我们记录下自己的体重、体脂率以及

第三部分
如何优化你的决策结果

每天举起的重量。当然，我们的记录系统可以更为复杂，这取决于我们所面对的决策类型。

我们如果决定采用一种新的膳食方案，可以使用各种应用程序来记录相关的日常指标（膳食的营养价值，卡路里等）。在商业上，我们可以使用每日状态报告、自动客户调查和诸如此类的工具。重点在于我们要有这样一个系统。

快速分析和测量数据的能力同样重要。我们的决定和我们对结果的评估之间的间隔时间越长，这些结果对我们未来决定的作用就越小。

假设我们从1月1日起开始力量训练计划。我们列出了30天后的期望值，包括要减轻的体重、要减少的体脂率和我们能够举起的重量。每一天，我们都在健身日记中忠实地记录下相关指标。

再假设我们忘记了分析我们的指标，没有将30天后的结果与预期结果进行比较。6个月过去了，我们仍然无法确定最初制订的健身计划是否奏效。结果，我们没有进行任何方向修正。我们在前30天记录的指标就失去了意义，最终对我们今后在这一方面正确决策的能力影响甚微。

反馈循环在提高我们的决策能力方面起着关键的作用。它们帮助我们检验自己的选择，评估它们的效果，并做出对自己有利的改变。但是，反馈循环只有在我们有能力利用它们记录信息时才会有效。为此，我们需要一种可靠的方法来记录信息，同时还要有及时分析信息的手段。

结　语

　　撇开悲剧和幸运不谈，我们才是自己生活的作者。我们的成功和失败，快乐和遗憾，几乎在任何时候都源于我们的决定。我们越是能有效地做出理性、正确、富有成效的决定，就越能享受到更好的结果。

　　事实上，从长远来看，我们越是善于做出正确的决定，生活质量就越高。我们的事业将蒸蒸日上，人际关系将和睦融洽，财务状况会越来越好。我们在生活的这些重要方面打下了坚实的基础，未来自然会变得更加充满希望，幸福感也会增强。我们知道自己所做的选择不仅能助力成功，而且契合了自己的价值观，我们会从个人的兴趣和爱好中获得更大的乐趣。

　　这就是做出良好决定的长期效果。

　　但没有人天生就拥有这种技能。要想掌握这种技能，我们需要反复尝试。虽然阅读书籍和观察他人也能增长关于决策过程的见识，但只有通过经验积累才能真正掌握这一关键技能。

本书为你提供了掌控生活中这一领域所需的工具。本书的作用体现在两个方面：一是帮助你学习有效决策的艺术；二是提供将所学知识付诸实践的实用练习。

大多数人都希望能始终做出好的决定。许多人希望得到关于如何做到这一点的提示和指南。但真正采取行动培养自身这种技能的人少之又少。他们或许会开始阅读一本关于决策的书（甚至可能就是你手里这本），但对书中内容感到乏味，最终把书丢到一边。

而你显然是与众不同的人物。因为你已经读完了本书，但愿你也完成了书中的所有练习。在精通决策的道路上，你已经比大多数人走得更远了。祝贺你！你成功地完成了能够让自己终身受益的自我投资。